위대한 매일 영어 쌩2: 주제별 회화 필수 패턴

지은이 이지연 영어연구소
초판 1쇄 인쇄 2017년 9월 7일
초판 1쇄 발행 2017년 9월 15일

발행인 박효상   **총괄 이사** 이종선   **편집장** 김현   **기획·편집** 박혜민   **디자인책임** 김보연
디자인 싱타디자인 고희선
마케팅 이태호, 이전희   **디지털콘텐츠** 이지호   **관리** 김태옥

종이 월드페이퍼   **인쇄·제본** 현문자현

출판등록 제10-1835호   **발행처** 사람in   **주소** 121-839 서울시 마포구 양화로 11길 14-10 (서교동) 4F
전화 02) 338-3555(代)   **팩스** 02) 338-3545   **E-mail** saramin@netsgo.com
Homepage www.saramin.com

책값은 뒤표지에 있습니다.
파본은 바꾸어 드립니다.

ⓒ 이지연 영어연구소 2017

ISBN
978-89-6049-645-3 14740
978-89-6049-631-6 (세트)

사람이 중심이 되는 세상, 세상과 소통하는 책 사람in

위대한
매일 영어

주제별 회화 필수 패턴

쌩2

이지연 영어연구소 지음

머리글

무한대로 늘어나는 영어 문장의 비결
: 패턴 그리고 확장해 말하기

주변에 보면 왜 그리 영어 잘하는 사람들이 많은지, 나는 해도해도 안 느는 것 같구먼 하는 분들 손! 맞아요. 다들 보면 영어를 꽤 잘하는 것 같지요. 그런데 그거 아세요? 잘한다고 하는 사람들의 영어를 듣고 분석해 본 사람들 말로는 그런 사람들이 쓰는 패턴이 어느 정도 정해져 있다고 해요. 그 몇 개(물론 단순히 몇 개가 아니고 많겠지요^^)를 시제를 바꿔 말하고, 단어를 바꿔 말하면서 무한대로 문장을 만들어 내다 보니 영어를 잘하는 것처럼 들린다는 것입니다. 맞아요. 그렇다면 유창한 회화를 하는 하나의 방법으로 패턴을 익히고 활용하는 게 있을 수 있겠네요.

그렇다면 어떤 패턴을 어떤 식으로 익히고 활용해야 할까요? 거기에 두 가지 답을 제시합니다. 바로 〈주제별 패턴〉과 〈장소별 패턴〉이죠. 〈주제별 패턴〉은 말 그대로 한 가지 주제를 가지고 이야기할 때 반드시 쓰는 혹은 써 봄직한 패턴들이고요, 〈장소별 패턴〉은 특정 장소에서 말해야 하는, 말할 만한 패턴을 말합니다. 이 책 〈위대한 매일 영어 쌤2: 주제별 회화 필수 패턴〉에서는 외국인과 대화할 때 자주 얘기하게 되는 주제 14개를 엄선했고, 그에 맞는 240개 패턴을 추렸습니다.

240개 패턴이 적어 보이지만 절대 그렇지 않습니다. 단어 표현만 바꾸면 얼마든지 많은 문장이 만들어지고요, 시제에 주어까지 바꾸게 되면 이건 정말 무한정이라고 해도 과언이 아닙니다. 그런데 사실, 막상 패턴을 주고 바꾸라고 하면 잘 안 하게 되는 게 사람 심리입니다. 뭔가 하지 않으면 안 되게끔 하는 강한 견인 장치가 있어야 하는데, 바로 이 책이 그런 견인 장치 역할을 합니다. 매일 하루에 유닛 한두 개씩만 하세요. 더 욕심 부리지 않아도 됩니다. 그리고 책에서 하라는 대로만 하세요. '이렇게 한다고 회화가 될까?' 의문은 사양합니다. 의문을 가질 시간에 더 말해 보고, 바꿔서 표현해 보세요. 이렇게 계속 하다 보면 해당 주제에 관해 영어로 이야기할 기회가 있을 때 예전만큼 한 마디도 못하고 있지만은 않을 거예요. 아마, '여기서 어떻게 내 얘기를 치고 들어가지?' 생각하는 자신이 보일 겁니다. 그럼 됐어요. 그걸로 충분합니다. 이 책의 목표가 바로 그것이니까요.

이지연 영어연구소

왜 〈위대한 매일 영어〉여야 하는가?

매일 느끼는 꾸준한 성취감!

어렸을 때, 매일매일 집으로 날아오던 일일공부 한 장의 추억, 다들 있죠? 사람들에게 일일공부 학습지에 대한 추억을 물어보면 대개 '좋았다', '괜찮았다'라고 대답합니다. 이렇게 일일공부 학습지에 대한 추억이 시간이 흐른 후에도 나쁘지 않은 건, 어렵지 않고 분량도 부담스럽지 않아 단번에 풀고 나가 놀 수 있기 때문이었을 거예요. 또 앉은 자리에서 끝내니까 성취감도 느낄 수 있고, 매일매일 하다 보니 뭔가 머릿속에 쌓이는 것 같기도 하고요. 그렇습니다. 이 일일공부가 우리들 뇌리에 좋은 이미지로 자리잡을 수 있었던 이유는 꾸준하게 성취감을 느끼게 했기 때문입니다. 이 꾸준한 성취감을 영어에서 느껴 보게 하면 사람들이 영어를 잘, 제대로 하지 않을까 생각하며 기획한 것이 바로 〈위대한 매일 영어〉입니다. 한마디로, 영어 일일공부 성인판인 셈이지요.

〈위대한 매일 영어〉 카테고리

**위대한 매일 영어
쌩**
정말 영어 쌩초짜들을 위한 3無(부담, 억압, 진땀) 책

**위대한 매일 영어
쫌**
영어를 아주 못하진 않지만 '쫌' 하는 것과는 거리가 살짝 먼 사람들을 위한 고육지책

**위대한 매일 영어
꽤**
영어 쫌 한다는 말을 수시로 듣지만 자기만족 5% 부족한 독자들의 필독서
(근간 예정)

하나를 알면 못해도 세네 개는 더 알게 된다

이 책을 책상 위에 놓고 한번 해봐야겠다 마음먹은 분들이라면 적어도 외국인들과 Hello. How are you? Fine, thank you. 요 말만 하고 끝내고 싶지는 않을 거예요. 얘기 주제가 나올 때 한 마디라도 이야기를 더 하고 싶은 욕망이 솟구쳐 오르는 사람들일 거라 확신합니다. 그러면서도 문법이나 단어가 또 아주 강한 편은 아닐 것이고요. 걱정하지 마세요. 그렇게 문법, 단어는 약하지만 외국인과의 회화 욕망은 끓어 오르는 분들을 위한 회화 확장 프로젝트로 이 〈위대한 매일 영어 쌩2: 주제별 필수 회화 패턴〉을 준비했으니까요. 일단 여기 나온 문장들이 아주 어려운 주제들에 관한 게 아니기 때문에 거기 딸린 문법 설명 역시 문법이 약한 사람들도 무리 없이 따라올 만큼 간결하고 쉽습니다. 또 사전이 굳이 필요 없을 정도로 단어 설명이 자세합니다. 여러분은 그저 여기 나와 있는 14개 주제에 딸린 총 240개의 패턴을 책에 나와 있는 대로 표현을 바꾸고, 주어를 바꾸고, 시제를 바꾸어 말해 보면 됩니다. 게다가 말만으로는 부족해서 원어민 음성으로 들으라고까지 합니다. 이것도 모자라 펜을 들고 직접 써 보라고 합니다. 이렇게까지 하면 패턴이 안 외워질 리가 없겠죠? 이렇게 일단 주제별 패턴과 문장이 머리에 새겨지면 외국인들과 관련 주제에 관해 말할 때 못해도 한 마디쯤은 자신의 이야기를 할 수 있게 되고, 더 나아가 타인의 얘기까지 언급할 수 있게 되어 회화 실력이 나날이 뻗어가게 됩니다. 그렇게 될 수 있게 의문을 버리고 한 패턴 한 패턴에 최대의 공력을 기울여 자기 것으로 완전하게 해보세요. 회화 실력이 월등히 높아져 있을 것입니다.

100세까지 갈 영어 버릇 장착

이 책 한 권으로 영어가 완전히 해결된다는, 그런 말도 안 되는 거짓 공약은 하지 않습니다. 그럴 수도 없고요. 그렇지만 확실히 말씀드릴 수 있는 것은 이 책으로 하면 하루하루 영어에 관해 뭔가를 자신이 하고 있다는 성취감은 확실히 들 것입니다. 그렇게 매일 매일의 성취감이 쌓이면 여러분의 영어가 위대해지는 것이고요.

하나의 행동이 습관으로 굳어지는 데 걸리는 시간은 21일 즉, 3주라고 합니다. 매일 유닛 두 개씩 45분만 이 책에서 하라는 대로 해 보세요. 그러면 하나는 보장합니다. 매일 영어를 하게 되는 습관이 들게 됩니다. 이 책의 최대 목표 중 하나가 바로 습관 들이기입니다. 습관 들이기에 성공했다고요? 영어의 반은 넘은 셈입니다. 나머지 절반은, 그대로 꾸준히 계속 열심히 하는 것입니다. 앞으로 계속 나올 〈위대한 매일 영어〉와 함께 말이죠.

KEY POINTS
▶ 꾸준히 일정 강도 이상을 넘어가게 하라!
▶ 임계점이 넘어가도록 공부를 습관화하라!
▶ 무엇보다도 매일 하는 것, 그 자체로 이미 당신은 위대하다!

〈위대한 매일 영어 쌩2 : 주제별 회화 필수 패턴〉의 구성과 학습법

아이들이 새로운 것을 배울 때 습득력이 어른보다 좋은 이유가 무엇인지 아세요? 바로 가르쳐 주는 사람이 하라는 대로 잘 따라 하기 때문입니다. 여러분도 이 〈위대한 매일 영어 쌩2: 주제별 회화 필수 패턴〉을 하게 될 때는 마치 어린 아이가 선생님 말씀을 듣고 그대로 하는 것처럼, 책에서 하라는 대로 따라 하면 됩니다. '이런다고 뭐가 되겠어?'라고 의심을 가지지 마세요. 의심을 가지는 순간 아무것도 안 됩니다. 건승을 빕니다!

이 책을 공부하기 전에 알고 있으면 도움이 될 문법 사항을 간략히 정리했습니다.
이 정도만 알고 책을 보면 훨씬 이해가 잘될 거라고 보장합니다.

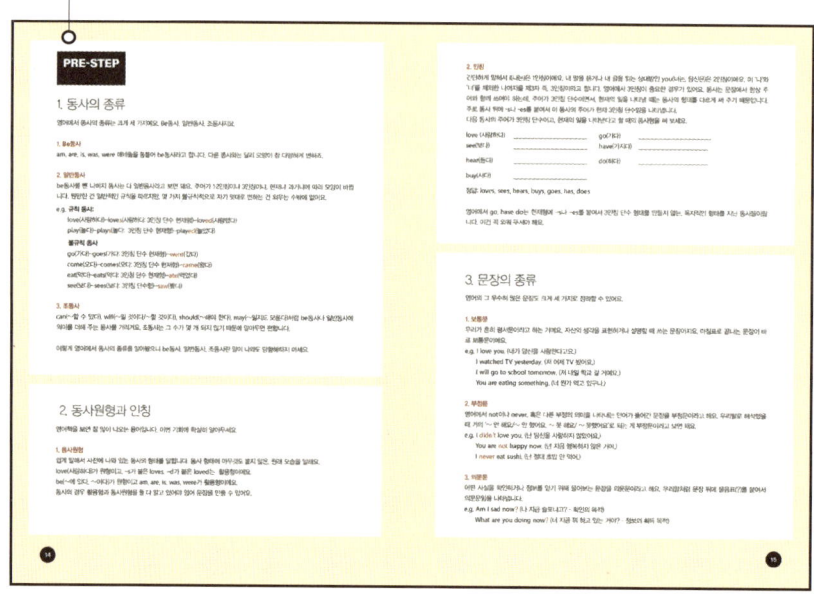

해당 주제와 관련해 꼭 말해야 하는 혹은 말해 봄직한 표현들만 엄선했어요.

HOW TO
피부에 팍팍 와닿는 표현들이니까 반드시 큰 소리로 읽으세요. 그냥 눈으로만 보면 안 돼요.

큰 소리로 말하고 원어민 발음으로 확인해서 이제 완전히 외웠나요? 기억이 오래 가도록 이제는 써 볼 차례입니다.

HOW TO
이미 완전히 외운 문장이라 쓱쓱 써 갈 수 있을 거예요. 우리말 해석을 먼저 쓰고 그 다음에 영어 문장을 따라 쓰세요.

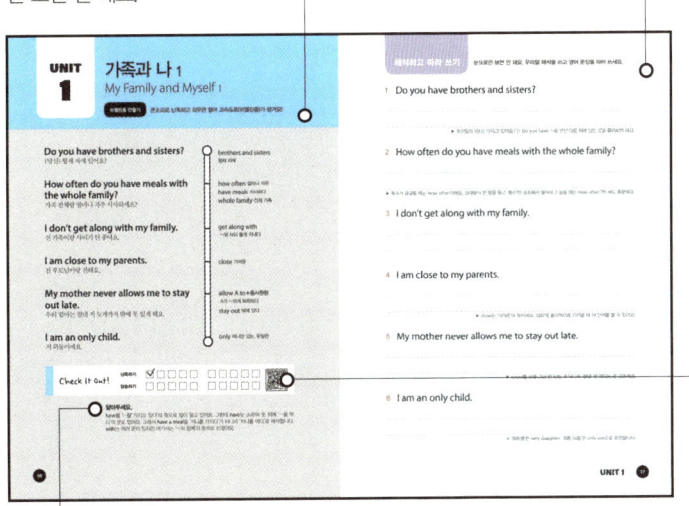

영어 문장을 외국인 성우의 깔끔한 목소리로 녹음했습니다.

HOW TO
쉬운 문장이지만, 발음이나 억양 등을 틀리게 발음할 수도 있어요. 원어민이 읽은 걸 듣고 꼭 따라하면서 완전히 자기 것으로 만드세요.

알아두면 피가 되고 살이 되는 문법이나 어법 관련 내용이에요.

HOW TO
짧지만 영양가 높은 내용들만 팍팍 채워서 요기 내용만 알면 '영어 좀 하는데' 소리를 들으실 거예요.

표현을 바꾸어 만든 문장을 원어민의 음성으로 들어보세요.

HOW TO
듣기만 해서는 안 돼요. 반드시 따라 읽는 걸 습관화해야 해요.

확장한 문장을 역시 원어민 발음으로 들어보세요. 청취력도 쑥, 실력도 쑥 올라갈 거예요.

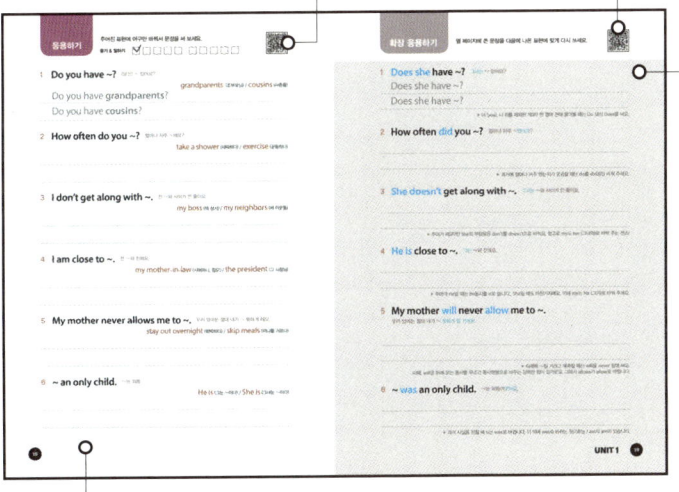

자, 이번에는 패턴을 조금 더 꼬아서 연습해 볼까요? 주어도 바꿔서 말해 보고, 시제도 바꿔서 말해 보는 거예요. 또 물어보는 문장을 그냥 말하는 문장으로도 얘기해 봐요. 이러면 문장이 정말 무한대로 늘어나지요.

HOW TO
바뀌는 부분은 별색으로 표시가 돼 있어요. 그 부분에 맞게 문장을 만들어 큰 소리로 읽은 다음 쓰면 됩니다. 이로서 6개 패턴 문장에서 30문장까지 확장해서 배웠습니다!!!

앞에서 본 문장에서 회화에 활용되는 필수 패턴을 뽑았어요. 생각보다 간단하죠? 맞아요. 어마무시한 영어 문장도 이렇게 간단한 패턴에서 시작해요.

HOW TO
이런 간단한 패턴에 오른쪽에 주어진 표현을 넣어 문장을 만들어 보세요. 벌써 6문장에서 18문장을 말할 수 있게 되었어요. 패턴의 힘이 이렇게 강력하답니다.

〈위대한 매일 영어 쌩2 : 주제별 회화 필수 패턴〉 스케줄러

	1일차	2일차
Week 1 STUDY	UNIT **1 & 2**	UNIT **3 & 4**
review		UNIT **1 & 2** 확장하기 & 응용 확장하기 낭독 2회/필사 1회
Week 2 STUDY	UNIT **11 & 12**	UNIT **13 & 14**
review	UNIT **9 & 10** 확장하기 & 응용 확장하기 낭독 2회/필사 1회	UNIT **11 & 12** 확장하기 & 응용 확장하기 낭독 2회/필사 1회
Week 3 STUDY	UNIT **21 & 22**	UNIT **23 & 24**
review	UNIT **19 & 20** 확장하기 & 응용 확장하기 낭독 2회/필사 1회	UNIT **21 & 22** 확장하기 & 응용 확장하기 낭독 2회/필사 1회
Week 4 STUDY	UNIT **31 & 32**	UNIT **33 & 34**
review	UNIT **29-30** 확장하기 & 응용 확장하기 낭독 2회/필사 1회	UNIT **31 & 32** 확장하기 & 응용 확장하기 낭독 2회/필사 1회

3일차	4일차	5일차
UNIT 5 & 6 REVIEW UNIT 1-5	**UNIT 7 & 8**	**UNIT 9 & 10** REVIEW UNIT 6-10
UNIT 3 & 4 확장하기 & 응용 확장하기 낭독 2회/필사 1회	**UNIT 5 & 6** 확장하기 & 응용 확장하기 낭독 2회/필사 1회	**UNIT 7 & 8** 확장하기 & 응용 확장하기 낭독 2회/필사 1회
UNIT 15 & 16 REVIEW UNIT 11-15	**UNIT 17 & 18**	**UNIT 19 & 20** REVIEW UNIT 15-20
UNIT 13 & 14 확장하기 & 응용 확장하기 낭독 2회/필사 1회	**UNIT 15 & 16** 확장하기 & 응용 확장하기 낭독 2회/필사 1회	**UNIT 17 & 18** 확장하기 & 응용 확장하기 낭독 2회/필사 1회
UNIT 25 & 26 REVIEW UNIT 21-25	**UNIT 27 & 28**	**UNIT 29 & 30** REVIEW UNIT 26-30
UNIT 23 & 24 확장하기 & 응용 확장하기 낭독 2회/필사 1회	**UNIT 25 & 26** 확장하기 & 응용 확장하기 낭독 2회/필사 1회	**UNIT 27 & 28** 확장하기 & 응용 확장하기 낭독 2회/필사 1회
UNIT 35 & 36 REVIEW UNIT 31-35	**UNIT 37 & 38**	**UNIT 39 & 40** REVIEW UNIT 36-40
UNIT 33 & 34 확장하기 & 응용 확장하기 낭독 2회/필사 1회	**UNIT 35-36** 확장하기 & 응용 확장하기 낭독 2회/필사 1회	**UNIT 37 & 38** 확장하기 & 응용 확장하기 낭독 2회/필사 1회

차 례

무한대로 늘어나는 영어 문장의 비결 … 5
왜 〈위대한 매일 영어〉여야 하는가? … 6
〈위대한 매일 영어 쌩2: 주제별 회화 필수 패턴〉의 구성과 학습법 … 8
〈위대한 매일 영어 쌩2: 주제별 회화 필수 패턴〉 스케줄러 … 10
PRE-STEP … 14

UNIT 1 가족과 나 1 My Family and Myself 1 … 16
UNIT 2 가족과 나 2 My Family and Myself 2 … 20
UNIT 3 가족과 나 3 My Family and Myself 3 … 24
UNIT 4 성격 1 Personality 1 … 28
UNIT 5 성격 2 Personality 2 … 32
REVIEW UNIT 1-5 … 36

UNIT 6 성격 3 Personality 3 … 38
UNIT 7 취미와 습관 1 Hobbies and Habits 1 … 42
UNIT 8 취미와 습관 2 Hobbies and Habits 2 … 46
UNIT 9 취미와 습관 3 Hobbies and Habits 3 … 50
UNIT 10 외모 1 Appearance 1 … 54
REVIEW UNIT 6-10 … 58

UNIT 11 외모 2 Appearance 2 … 60
UNIT 12 외모 3 Appearance 3 … 64
UNIT 13 음식 1 Food 1 … 68
UNIT 14 음식 2 Food 2 … 72
UNIT 15 학업 1 Studying 1 … 76
REVIEW UNIT 11-15 … 80

UNIT 16	학업 2 Studying 2	82
UNIT 17	학교 생활 1 School Life 1	86
UNIT 18	학교 생활 2 School Life 2	90
UNIT 19	일, 고용, 회사 1 Work, Employment & Company 1	94
UNIT 20	일, 고용, 회사 2 Work, Employment & Company 2	98
REVIEW UNIT 16-20		102
UNIT 21	일, 고용, 회사 3 Work, Employment & Company 3	104
UNIT 22	일, 고용, 회사 4 Work, Employment & Company 4	108
UNIT 23	방학/휴가 1 Vacation/Holiday 1	112
UNIT 24	방학/휴가 2 Vacation/Holiday 2	116
UNIT 25	방학/휴가 3 Vacation/Holiday 3	120
REVIEW UNIT 21-25		
UNIT 26	건강, 질병, 증상 1 Health, Disease & Symptoms 1	126
UNIT 27	건강, 질병, 증상 2 Health, Disease & Symptoms 2	130
UNIT 28	건강, 질병, 증상 3 Health, Disease & Symptoms 3	134
UNIT 29	운동과 스포츠 1 Exercise & Sports 1	138
UNIT 30	운동과 스포츠 2 Exercise & Sports 2	142
REVIEW UNIT 26-30		
UNIT 31	운동과 스포츠 3 Exercise & Sports 3	148
UNIT 32	관계 1 Relationships 1	152
UNIT 33	관계 2 Relationships 2	156
UNIT 34	관계 3 Relationships 3	160
UNIT 35	일상의 루틴 1 Daily Routines 1	164
REVIEW DAY 31-35		
UNIT 36	일상의 루틴 2 Daily Routines 2	170
UNIT 37	일상의 루틴 3 Daily Routines 3	174
UNIT 38	약속과 계획 1 Appointment & Plan 1	178
UNIT 39	약속과 계획 2 Appointment & Plan 2	182
UNIT 40	약속과 계획 3 Appointment & Plan 3	186
REVIEW UNIT 36-40		190
응용하기/확장 응용하기/확인학습 정답		192

PRE-STEP

1. 동사의 종류

영어에서 동사의 종류는 크게 세 가지예요. Be동사, 일반동사, 조동사지요.

1. Be동사
am, are, is, was, were 얘네들을 통틀어 be동사라고 합니다. 다른 동사와는 달리 모양이 참 다양하게 변해요.

2. 일반동사
be동사를 뺀 나머지 동사는 다 일반동사라고 보면 돼요. 주어가 1·2인칭이냐 3인칭이냐, 현재냐 과거냐에 따라 모양이 바뀝니다. 웬만한 건 일반적인 규칙을 따르지만, 몇 가지 불규칙적으로 자기 멋대로 변하는 건 외우는 수밖에 없어요.

e.g. **규칙 동사:**
  love(사랑하다)—loves(사랑하다: 3인칭 단수 현재형)—loved(사랑했다)
  play(놀다)—plays(놀다: 3인칭 단수 현재형)—played(놀았다)

  불규칙 동사
  go(가다)—goes(가다: 3인칭 단수 현재형)—went(갔다)
  come(오다)—comes(오다: 3인칭 단수 현재형)—came(왔다)
  eat(먹다)—eats(먹다: 3인칭 단수 현재형)—ate(먹었다)
  see(보다)—sees(보다: 3인칭 단수형)—saw(봤다)

3. 조동사
can(~할 수 있다), will(~일 것이다/~할 것이다), should(~해야 한다), may(~일지도 모른다)처럼 be동사나 일반동사에 의미를 더해 주는 동사를 가리켜요. 조동사는 그 수가 몇 개 되지 않기 때문에 알아두면 편합니다.

이렇게 영어에서 동사의 종류를 알아봤으니 be동사, 일반동사, 조동사란 말이 나와도 당황해하지 마세요.

2. 동사원형과 인칭

영어책을 보면 참 많이 나오는 용어입니다. 이번 기회에 확실히 알아두세요.

1. 동사원형
쉽게 말해서 사전에 나와 있는 동사의 형태를 말합니다. 동사 형태에 아무것도 붙지 않은, 원래 모습을 말해요.
love(사랑하다)가 원형이고, -s가 붙은 loves, -d가 붙은 loved는 활용형이에요.
be(~에 있다, ~이다)가 원형이고 am, are, is, was, were가 활용형이에요.
동사의 경우 활용형과 동사원형을 둘 다 알고 있어야 영어 문장을 만들 수 있어요.

2. 인칭

간단하게 말해서 I(나는)은 1인칭이에요. 내 말을 듣거나 내 글을 읽는 상대방인 you(너는, 당신은)은 2인칭이에요. 이 '나'와 '너'를 제외한 나머지를 제3자 즉, 3인칭이라고 합니다. 영어에서 3인칭이 중요한 경우가 있어요. 동사는 문장에서 항상 주어와 함께 쓰여야 하는데, 주어가 3인칭 단수이면서, 현재의 일을 나타낼 때는 동사의 형태를 다르게 써 주기 때문입니다. 주로 동사 뒤에 -s나 -es를 붙여서 이 동사의 주어가 현재 3인칭 단수임을 나타냅니다.
다음 동사의 주어가 3인칭 단수이고, 현재의 일을 나타낸다고 할 때의 동사형을 써 보세요.

love (사랑하다) _____   go(가다) _____
see(보다) _____   have(가지다) _____
hear(듣다) _____   do(하다) _____
buy(사다) _____

정답: loves, sees, hears, buys, goes, has, does

영어에서 have는 현재형에 -s나 -es를 붙여서 3인칭 단수 형태를 만들지 않는, 독자적인 형태를 지닌 동사랍니다. 이건 꼭 외워 두셔야 해요.

3. 문장의 종류

영어의 그 무수히 많은 문장도 크게 세 가지로 정리할 수 있어요.

1. 보통문
우리가 흔히 평서문이라고 하는 거예요. 자신의 생각을 표현하거나 설명할 때 쓰는 문장이지요. 마침표로 끝나는 문장이 바로 보통문이에요.
e.g. I love you. (내가 당신을 사랑한다고요.)
　　 I watched TV yesterday. (저 어제 TV 봤어요.)
　　 I will go to school tomorrow. (저 내일 학교 갈 거예요.)
　　 You are eating something. (너 뭔가 먹고 있구나.)

2. 부정문
영어에서 not이나 never, 혹은 다른 부정의 의미를 나타내는 단어가 들어간 문장을 부정문이라고 해요. 우리말로 해석했을 때 거의 '~ 안 해요/~ 안 했어요, ~ 못 해요/ ~ 못했어요'로 되는 게 부정문이라고 보면 돼요.
e.g. I didn't love you. (난 당신을 사랑하지 않았어요.)
　　 You are not happy now. (넌 지금 행복하지 않은 거야.)
　　 I never eat sushi. (난 절대 초밥 안 먹어.)

3. 의문문
어떤 사실을 확인하거나 정보를 얻기 위해 물어보는 문장을 의문문이라고 해요. 우리말처럼 문장 뒤에 물음표(?)를 붙여서 의문문임을 나타냅니다.
e.g. Am I sad now? (나 지금 슬프냐고? - 확인의 목적)
　　 What are you doing now? (너 지금 뭐 하고 있는 거야? - 정보의 획득 목적)

UNIT 1

가족과 나 1
My Family and Myself 1

미엘린층 만들기 큰소리로 낭독하고 외우면 영어 고속도로(미엘린층)가 생겨요!

Do you have brothers and sisters?
(당신) 형제 자매 있어요?

brothers and sisters 형제 자매

How often do you have meals with the whole family?
가족 전체랑 얼마나 자주 식사하세요?

how often 얼마나 자주
have meals 식사하다
whole family 전체 가족

I don't get along with my family.
전 가족이랑 사이가 안 좋아요.

get along with ~와 사이 좋게 지내다

I am close to my parents.
전 부모님이랑 친해요.

close 가까운

My mother never allows me to stay out late.
우리 엄마는 절대 저 늦게까지 밖에 못 있게 해요.

allow A to + 동사원형 A가 ~하게 허락하다
stay out 밖에 있다

I am an only child.
저 외동이에요.

only 하나만 있는, 유일한

Check It Out! 낭독하기 ☑☐☐☐☐ ☐☐☐☐☐
암송하기 ☐☐☐☐☐ ☐☐☐☐☐

알아두세요.
have를 '~을 가지고 있다'의 뜻으로 많이 알고 있어요. 그런데 have는 소유의 뜻 외에 '~을 먹다'의 뜻도 있어요. 그래서 have a meal을 '끼니를 가지다'가 아니라 '끼니를 먹다'로 해석합니다. with는 여러 뜻이 있지만 여기서는 '~와 함께'의 뜻으로 쓰였어요.

해석하고 따라 쓰기

눈으로만 보면 안 돼요. 우리말 해석을 쓰고 영어 문장을 따라 쓰세요.

1 Do you have brothers and sisters?

▶ 우리말의 '(당신 가지고) 있어요?'는 Do you have ~로 던진 다음 뒤에 있는 것을 물어보면 돼요.

2 How often do you have meals with the whole family?

▶ 횟수가 궁금할 때는 How often이에요. 상대방이 한 말을 듣고 '횟수'만 강조해서 물어보고 싶을 때는 How often?만 써도 충분해요.

3 I don't get along with my family.

4 I am close to my parents.

▶ close는 '가까운'의 뜻이에요. 심리적, 물리적으로 가까울 때 이 단어를 쓸 수 있어요.

5 My mother never allows me to stay out late.

▶ never를 쓰면 그냥 안 되는 게 아니라 '절대' 안 된다는 걸 강조해요.

6 I am an only child.

▶ '외동딸'은 only daughter, '외동 아들'은 only son으로 표현합니다.

UNIT 1

응용하기

주어진 표현에 어구만 바꿔서 문장을 써 보세요.

듣기 & 말하기

1 Do you have ~? (당신) ~ 있어요?

grandparents (조부모님) / cousins (사촌들)

Do you have **grandparents**?

Do you have **cousins**?

2 How often do you ~? 얼마나 자주 ~해요?

take a shower (샤워하다) / exercise (운동하다)

3 I don't get along with ~. 전 ~와 사이가 안 좋아요.

my boss (제 상사) / my neighbors (제 이웃들)

4 I am close to ~. 전 ~와 친해요.

my mother-in-law (시어머니, 장모) / the president (그 사장님)

5 My mother never allows me to ~. 우리 엄마는 절대 내가 ~ 못하게 해요.

stay out overnight (외박하다) / skip meals (끼니를 거르다)

6 ~ an only child. ~는 외동.

He is (그는 ~이다) / She is (그녀는 ~이다)

확장 응용하기

옆 페이지에 쓴 문장을 다음에 나온 표현에 맞게 다시 쓰세요.

1 **Does she have ~?** 그녀는 ~ 있어요?
   Does she have ~?
   Does she have ~?

   ▶ 너 (you), 나 (I)를 제외한 제3자 한 명에 관해 물어볼 때는 Do 대신 Does를 써요.

2 **How often did you ~?** 얼마나 자주 ~했어요?

   ▶ 과거에 얼마나 자주 했는지가 궁금할 때는 do를 did로만 바꿔 주세요.

3 **She doesn't get along with ~.** 그녀는 ~와 사이가 안 좋아요.

   ▶ 주어가 제3자인 She의 부정문은 don't를 doesn't으로 바꿔요. 참고로 my도 her (그녀의)로 바꿔 주는 센스!

4 **He is close to ~.** 그는 ~와 친해요.

   ▶ 주어가 He일 때는 be동사를 is로 씁니다.. She일 때도 마찬가지예요. 이때 my는 his (그의)로 바꿔 주세요.

5 **My mother will never allow me to ~.**
   우리 엄마는 절대 내가 ~ 못하게 할 거예요.

   ▶ 미래에 ~일 거라고 예측할 때는 will을 never 앞에 써요.
   이때, will은 뒤에 오는 동사를 무조건 동사원형으로 바꾸는 강력한 힘이 있거든요. 그래서 allows가 allow로 바뀝니다.

6 **~ was an only child.** ~는 외동이었어요.

   ▶ 과거 사실을 전할 때 is는 was로 바뀝니다. 이 외에 was로 바뀌는 것으로는 I am의 am이 있습니다.

UNIT 1

UNIT 2

가족과 나 2
My family and Myself 2

미엘린층 만들기 큰소리로 낭독하고 외우면 영어 고속도로(미엘린층)가 생겨요!

I have one elder brother and one younger sister.
(저는) 형 한 명과 여동생 한 명이 있습니다.

- elder (순서상으로) 더 나이 많은
- younger 더 어린

We eat together regularly.
우리는 정기적으로 함께 식사를 해요.

- together 함께
- regularly 정기적으로

My mom and I rarely eat out.
엄마랑 전 외식을 거의 안 해요.

- rarely 좀처럼 ~ 않다
- eat out 외식하다

How many are there in your family?
가족이 몇 명이에요?

- How many 얼마나 많은 사람들/것들

We are a family of four.
저희는 네 식구예요.

- a family of + 숫자 ~명의 가족/식구

Sometimes I fight with my sister.
가끔은 여동생이랑 다퉈요.

- fight with ~와 다투다

Check It Out!
낭독하기 ☐☐☐☐☐ ☐☐☐☐☐
암송하기 ☐☐☐☐☐ ☐☐☐☐☐

알아두세요.
영어에는 not, no, never 같은 공식 부정어 외에 전혀 부정어처럼 보이지 않는데 문장을 부정문으로 만드는 단어가 있어요. 그 중 하나가 rarely랍니다. '거의 ~ 안 하는'의 의미를 문장에 더하죠. 이것 자체가 부정어이기 때문에 따로 not이나 no, never를 쓰지 않습니다.

해석하고 따라 쓰기 눈으로만 보면 안 돼요. 우리말 해석을 쓰고 영어 문장을 따라 쓰세요.

1. I have one elder brother and one younger sister.

   ▶ A and B처럼 비슷한 부류를 연결해 말할 때는 and를 써요.

2. We eat together regularly.

   ▶ regularly는 '규칙적으로'의 의미로 eat와 함께 쓰여 '정기적으로 (밥을) 먹다'라는 뜻이에요.

3. My mom and I rarely eat out.

   ▶ eat out은 '외식하다', eat in은 '집에서 먹다'예요. rarely는 열 번에 한 번 할까 말까한 정도를 말해요.

4. How many are there in your family?

   ▶ How many are there in ~?은 '~에 얼마나 많은 사람들이 있어요?'로 통째로 외워 두세요.

5. We are a family of four.

6. Sometimes I fight with my sister.

   ▶ 〈fight with+사람〉이고 〈fight over+내용(~에 대해 싸우다)〉예요. sometimes는 열 번에 절반 정도의 횟수를 뜻해요.

UNIT 2

응용하기

주어진 표현에 어구만 바꿔서 문장을 써 보세요.

듣기 & 말하기 ☐☐☐☐☐ ☐☐☐☐☐

1. **I have one elder brother and ~.** (전) 형 한 명이랑 ~가 있어요.
   one elder sister (누나 한 명) / **one younger brother** (남동생 한 명)
   I have one elder brother and **one elder sister.**
   I have one elder brother and **one younger brother.**

2. **We ~ together regularly.** 우리는 정기적으로 함께 ~해요.
   drink ((술) 마시다) / **work out** (운동하다)

3. **My mom and I rarely ~.** 엄마와 난 거의 ~ 안 해요.
   see eye to eye (의견이 일치하다) / **go shopping** (쇼핑하러 가다)

4. **How many are there in ~?** ~가 몇 명이에요?
   your party (당신 일행) / **your class** (당신 반)

5. **We are a family of ~.** 우리는 ~ 식구예요.
   three (셋) / **five** (다섯)

6. **Sometimes I fight with ~.** 난 가끔 ~와 싸워요.
   my best friend (가장 친한 친구) / **my boyfriend** (내 남자친구)

확장 응용하기

옆 페이지에 쓴 문장을 다음에 나온 표현에 맞게 다시 쓰세요.

1 **I have two ~ and two ~.** 난 ~ 둘과 ~ 둘이 있어요.
   I have **two** elder brothers and **two** elder sisters.
   I have **two** elder brothers and **two** younger brothers.

   ▶ two 이상의 숫자 뒤에 단어가 올 때는 -(e)s를 붙여서 복수형을 나타내요.

2 **We don't ~ together regularly.** 우리는 정기적으로 함께 ~하지 않아요.

   ▶ 〈We don't +동사원형 ~〉은 '우리는 평소에 ~하지 않는다'의 뜻이에요.

3 **My mom and I never ~.** 엄마와 전 절대 ~ 안 해요.

   ▶ rarely는 어쩌다 한 번이라도 하지만 never는 아예 전혀 안 하는 것을 의미합니다.

4 **How many women are there in ~?** ~ 중에 여자가 몇 명이에요?

   ▶ How many는 단독으로 쓰이기도 하지만 〈How many+명사〉처럼 '~가 몇 개/몇 명'을 뜻하기도 합니다.

5 **We are a group of ~.** 우리 단체는 ~예요.

   ▶ family 대신 group을 넣으면 '00명으로 이뤄진 단체'의 뜻을 나타낼 수 있어요.

6 **Sometimes I fought with ~** 난 가끔 ~와 다퉜어요.

   ▶ 과거 사실을 전할 때는 동사를 과거형으로 바꿔 줍니다. fight의 과거는 fought예요.

UNIT 2

UNIT 3

가족과 나 3
My Family and Myself 3

미엘린층 만들기 큰소리로 낭독하고 외우면 영어 고속도로(미엘린층)가 생겨요!

I respect my grandfather.
전 우리 할아버지 존경해요.

respect 존경하다

My grandfather passed away two years ago.
우리 할아버지는 2년 전에 돌아가셨어요.

pass away 죽다   ago ~ 전에

I feel like a burden to my family.
전 가족에게 짐 같아요.

feel like ~처럼 느끼다
burden 짐

My parents are divorced.
저희 부모님은 이혼하셨어요.

divorced 이혼한

My parents still treat me like a kid.
부모님은 저를 아직도 애 취급하세요.

still 여전히
treat A like ~ A를 ~처럼 취급하다

I love my family more than anything else in the world.
전 우리 가족을 세상 그 무엇보다 사랑해요.

more than anything else 다른 어떤 것보다 더
in the world 세상에서

Check It Out! 낭독하기 ☐☐☐☐☐ ☐☐☐☐☐
                  암송하기 ☐☐☐☐☐ ☐☐☐☐☐

알아두세요.
pretty의 뜻을 물어보면 '예쁘다'라고 말하는 사람들이 많습니다. 그런데 이건 틀린 말이에요. pretty는 '예쁜'으로 상태를 나타내는 말이고, '예쁘다'처럼 말하려면 반드시 동사와 함께 쓰여야 하지요. 그때 대표적으로 쓰이는 동사가 be동사입니다. 위의 문장에 나온 divorced는 '이혼한'이에요. 그럼 '이혼하다'가 되려면 어떻게 쓸까요? 그렇죠. 바로 be동사와 함께 〈be동사 divorced〉라고 해야 합니다.

해석하고 따라 쓰기

눈으로만 보면 안 돼요. 우리말 해석을 쓰고 영어 문장을 따라 쓰세요.

1 I respect my grandfather.

▶ 〈respect + 사람/의견〉은 '사람을 경경하다/의견을 존중하다'예요.

2 My grandfather passed away two years ago.

▶ 영어권 화자들은 die(죽다)라는 말을 꺼려해요. 그래서 die 사용을 피하기 위해 pass away를 씁니다.

3 I feel like a burden to my family.

▶ 〈feel like + 명사〉는 '~가 된 듯한 기분이 들다'란 뜻이에요.

4 My parents are divorced.

▶ divorce(이혼하다)는 '이혼한 행위'가 과거여도 '현재 이혼한 상태'에 초점을 두기 때문에 현재형을 사용해요. 이혼한 행위 자체를 말할 때는 divorced two years ago(2년 전에 이혼했다)처럼 과거형을 써요.

5 My parents still treat me like a kid.

▶ still은 '여전히'로 과거에 했던 행동이 현재까지 지속됨을 나타내요.

6 I love my family more than anything else in the world.

▶ more than 다음에는 명사도 오지만 more than you think(네가 생각하는 것보다 더 많이)처럼 〈주어+동사〉가 올 수도 있어요. 통째로 외워 두면 편리해요.

UNIT 3

응용하기

주어진 표현에 어구만 바꿔서 문장을 써 보세요.

듣기 & 말하기

1 **I respect ~.** 전 ~를 존경해요.

my parents (우리 부모님) / my teacher (우리 선생님)

I respect **my parents.**
I respect **my teacher.**

2 **My grandfather passed away ~ ago.** 우리 할아버지는 ~ 전에 돌아가셨어요.

three years (3년) / a year (1년)

3 **I feel like a burden to ~.** 전 ~에게 짐 같아요.

everyone (모두) / you (당신)

4 **My parents are ~.** 저희 부모님은 ~예요.

very supportive (지원을 아끼지 않는) / in their 60s (60대인)

5 **My parents still treat me like ~.** 우리 부모님은 아직도 날 ~ 취급해요.

a patient (환자) / a teenager (10대)

6 **I love ~ more than anything else in the world.**
전 ~를 세상 무엇보다 더 사랑해요.

my children (내 아이들) / you (당신)

확장 응용하기

옆 페이지에 쓴 문장을 다음에 나온 표현에 맞게 다시 쓰세요.

1 **I don't respect ~.** 전 ~를 존경하지 않아요.
I don't respect **my parents.**
I don't respect **my teacher.**
▶ 일반동사 현재형의 부정은 do not/don't예요. 주어가 3인칭 단수일 때만 does not/doesn't를 써요.

2 **My grandfather didn't pass away ~ ago.**
우리 할아버지는 ~ 전에 돌아가신 게 아니에요.

▶ 일반동사 과거형의 부정은 주어에 상관없이 무조건 〈did not/didn't+동사〉입니다.

3 **I felt like a burden to ~.** 전 ~에게 짐 같았어요.

▶ feel의 과거형은 felt예요. 불규칙하게 변하는 대표적인 동사로 동사변화형 feel-felt-felt, 꼭 기억하세요.

4 **I am ~.** 전 ~예요.

▶ 주어가 I이면서 현재형일 때 be동사는 am으로 일치시켜야 해요. in their 60에서 their도 my로 바꿔 주셔야 해요!

5 **My parents have never treated me like ~.**
우리 부모님은 한번도 절 ~ 취급하신 적이 없어요.

▶ 〈have never+과거분사〉는 과거에도 그랬고 현재에도 한번도 ~한 적이 없었음을 나타내요.

6 **I loved ~ more than anything else in the world.**
나는 ~를 세상 무엇보다도 더 사랑했어요.

▶ 과거를 말할 때 love는 loved로 바뀌어요. 과거형은 현재와는 상관없이 과거에 그랬었다는 걸 뜻해요.

UNIT 4

성격 1
Personality 1

미엘린층 만들기 큰소리로 낭독하고 외우면 영어 고속도로(미엘린층)가 생겨요!

He has a sense of humor.
그는 유머감각이 있어요.

a sense of humor 유머감각

She is self-centered.
그녀는 자기중심적이에요.

self-centered 자기중심적인

I am picky about food.
전 음식에 관해서 까탈스러워요.

picky 까탈스러운
about ~에 관해서

I'm kind of the stay-at-home type.
전 좀 집순이 스타일이에요.

kind of 약간, 어느 정도
stay-at-home 집에 틀어박혀 있는

Are you open-minded?
당신은 생각이 열려 있는 사람인가요?

open-minded 생각이 열려 있는, 편협하지 않은

What is he like?
그는 어떤 사람이에요?

like ~와 같은
what ~ like (=how) 어떤

Check It Out! 낭독하기 ☐☐☐☐☐ ☐☐☐☐☐
암송하기 ☐☐☐☐☐ ☐☐☐☐☐

알아두세요.
영어 단어를 보면 self-로 시작하는 게 꽤 많습니다. '자기', '스스로'의 뜻을 나타내며, 아무 단어에나 붙지는 않고, 상태를 나타내는 말이나 명사 단어 앞에 붙지요. self-centered에서 centered는 '중심으로 하는'의 뜻인데 여기에 self-를 붙이면 '자기 스스로를 중심으로 하는' 즉, '자기 중심적인'의 뜻이 되지요. self-control은 '자기를 조절하는 것' 즉, '자제력'의 뜻입니다.

해석하고 따라 쓰기

눈으로만 보면 안 돼요. 우리말 해석을 쓰고 영어 문장을 따라 쓰세요.

1 He has a sense of humor.

▶ a sense of 뒤에 beauty를 붙이면 '미적감각', direction을 붙이면 '방향감각'의 뜻이 돼요.

2 She is self-centered.

▶ 단어 앞에 self-를 붙이면 '자기의, 스스로'의 뜻을 나타내요.

3 I am picky about food.

▶ be picky about은 '~에 대해 까다롭다'로 about 다음에 까다롭게 구는 대상이 나오면 돼요.

4 I'm kind of the stay-at-home type.

▶ 집에 콕 박혀서 외출도 잘 안 하는 걸 이렇게 표현해요.

5 Are you open-minded?

▶ open-minded는 '속이 트인'이며, 반대말로 narrow-minded(편협한)이 있어요.

6 What is he like?

▶ What is 00 like?는 00가 어떤 사람인지, 본성, 성격, 외모 등은 어떤지 종합적으로 묻는 표현이에요. 사람 외에 사물 등의 본질을 물어볼 때는 쓸 수 있어요.

UNIT 4

응용하기

주어진 표현에 어구만 바꿔서 문장을 써 보세요.

듣기 & 말하기 ☐☐☐☐☐ ☐☐☐☐☐

1 **He has ~.** 그는 ~가 있어요.

    a kind heart (따뜻한 마음) / **eagle eyes** (뛰어난 관찰력)

He has **a kind heart.**

He has **eagle eyes.**

2 **She is ~.** 그녀는 ~예요.

    generous (마음이 넓은) / **selfish** (이기적인)

3 **I am picky about ~.** 전 ~에 관해서 까탈스러워요.

    making friends (친구 사귀기) / **music** (음악)

4 **I'm kind of ~.** 전 좀 ~해요.

    busy (바쁜) / **depressed** (우울한)

5 **Are you ~?** 당신은 ~인가요?

    broad-minded (마음이 넓은) / **feeble-minded** (의지박약한)

6 **What is ~ like?** ~는 어떤가요?

    the company (회사) / **life in China** (중국 생활)

확장 응용하기 옆 페이지에 쓴 문장을 다음에 나온 표현에 맞게 다시 쓰세요.

1 **Does he have ~?** 그는 ~가 있어요?
   Does he have **a kind heart**?
   Does he have **eagle eyes**?
   ▶ 일반동사를 활용해 너(you), 나(I)를 제외한 제3자 한 명에 관해 물어볼 때는 Does를 주어 앞에 써요.

2 **You are ~.** 당신은 ~예요.
   ▶ 주어가 2인칭인 you이면서 현재형일 때, be동사는 are을 씁니다.

3 **He is picky about ~.** 그는 ~에 대해 까탈스러워요.
   ▶ 주어가 제3자인 He이고, 현재형일 때 be동사는 is를 씁니다.

4 **He was kind of ~.** 그는 좀 ~였어요.
   ▶ be동사의 과거형은 was, were 두 가지예요. 제3자이면서 한 명/한 개일 때와 I일 때는 was, 그 외에는 전부 were를 씁니다.

5 **Is he ~?** 그는 ~인가요?
   ▶ 주어가 제3자인 he이고 현재형일 때 be동사는 is예요. 이걸 의문문으로 만들 때는 is를 he 앞에 두면 됩니다.

6 **What was ~ like?** ~는 어땠나요?
   ▶ is의 과거형은 was예요.

UNIT 4

UNIT 5

성격 2
Personality 2

미엘린층 만들기 큰소리로 낭독하고 외우면 영어 고속도로(미엘린층)가 생겨요!

Character decides destiny.
성격이 운명을 결정하죠.

character 성격   destiny 운명

He is shy and so am I.
그는 부끄러움을 타고요, 저도 그래요.

shy 수줍음을 타는

I am family-oriented.
전 가정적이에요.

family-oriented 가족 지향적인

I am very conservative.
전 매우 보수적이에요.

conservative 보수적인

He is short-tempered but cool.
그는 성미가 급하긴 하지만 멋져요.

short-tempered 성미가 급한
cool 멋진

She is always confident about herself.
그녀는 항상 자신에 대해 자신감이 넘쳐요.

confident about
~에 대해 자신감 있는

Check It Out! 낭독하기 ☐☐☐☐☐ ☐☐☐☐☐
암송하기 ☐☐☐☐☐ ☐☐☐☐☐

알아두세요.
be동사를 쓴 위의 것 같은 문장, 참 단순해 보이지만 이 be동사를 쓸 때는 조심해야 해요. 단정하듯 단호하게 말하는 뉘앙스를 풍기기 때문입니다. 예를 들어, 앞의 친구에게 You are happy.(넌 행복하구나.) 이렇게 말한다면, 듣는 친구는 '날 얼마나 안다고 지금 행복하다고 단정하는 거지?' 라고 생각할 수도 있지요. '사과는 과일이다'처럼 완전한 진리와 사실을 제외하고 be동사를 써서 말할 때는 항상 조심해야 해요. 내가 말하는 게 100% 그렇다는 걸 내포하는 거니까요.

해석하고 따라 쓰기

눈으로만 보면 안 돼요. 우리말 해석을 쓰고 영어 문장을 따라 쓰세요.

1 Character decides destiny.

▶ A decides B는 "A가 B를 결정하다"란 뜻이에요.

2 He is shy and so am I.

▶ be동사가 포함된 문장 다음에서 Me too.(나도 그래요.)처럼 맞장구를 쳐주는 역할을 대신하는 것이 so am I예요. 일반동사가 포함된 문장 다음에는 so do I.를 쓰면 됩니다.

3 I am family-oriented.

▶ 〈명사-oriented〉는 '명사 지향적인'이란 뜻이에요. 가족 지향적인 거니까 가정적인 거예요.

4 I am very conservative.

▶ 〈very + 형용사〉는 '매우 ~한'이라는 뜻이에요.

5 He is short-tempered but cool.

▶ 앞뒤에 서로 상반되는 내용을 연결할 때는 but을 씁니다. cool이 성격을 말할 때엔 '멋진'이란 뜻을 지녀요.

6 She is always confident about herself.

▶ 앞에 나왔던 주어가 (여기서는 she) about이나 동사의 목적어로 올 때는 her라고 쓰지 않고 herself라고 써요. ex〉 She loves herself. (그녀는 자신을 사랑해요.) She is interested in herself. (그녀는 자신에게 관심이 많아요.)

UNIT 5

응용하기

주어진 표현에 어구만 바꿔서 문장을 써 보세요.

듣기 & 말하기 ☐☐☐☐☐ ☐☐☐☐☐

1. **Character decides ~.** 성격이 ~을 결정해요.

   everything (모든 것) / **fate** (운명)

   Character decides **everything**.

   Character decides **fate**.

2. **He is shy and so ~.** 그는 부끄러움을 타고요, ~ 또한 그래요.

   is she (그녀도 ~이다) / **are they** (그들도 ~이다)

3. **I am ~-oriented.** 전 ~ 지향적이에요.

   future (미래) / **team** (팀)

4. **I am very ~.** 전 매우 ~해요.

   liberal (자유분방한) / **stubborn** (고집이 센)

5. **He is short-tempered but ~.** 그는 성미는 급하지만 ~해요.

   not violent (폭력적이지 않은) / **lovable** (매력적인)

6. **~ always confident about ~.** ~는 언제나 ~에 자신감이 있어요.

   He is / **himself** (그는 ~이다/그 자신) / **I am** / **myself** (나는 ~이다/나 자신)

확장 응용하기

옆 페이지에 쓴 문장을 다음에 나온 표현에 맞게 다시 쓰세요.

1 **Character always decides ~.** 성격이 늘 ~를 결정해요.
Character always decides **everything.**
Character always decides **fate.**

▶ always는 위치가 좀 특이한데요, 일반동사 앞, be동사 뒤에 놓여요.
그리고 문장에서 현재형을 쓴다는 건 보편타당한 진리나 평소에도 늘 하는 행동이라는 걸 뜻해요.

2 **He was shy and so ~.** 그는 부끄러움을 탔고요, ~ 또한 그랬어요.

▶ be동사 is, am의 과거형은 was예요. 과거형은 현재는 그런지 아닌지 상관없이 과거의 사실만을 나타내요.

3 **We are ~-oriented.** 우리는 ~ 지향적이에요.

▶ we/they/you의 be동사 현재형은 are입니다.

4 **I am not very ~.** 전 별로 ~하지 않아요.

▶ 〈not very+형용사〉는 '별로 ~하지 않은'이에요. '매우 ~하지 않는'이 아니라는 것, 기억하세요.

5 **Isn't he short-tempered but ~?** 그는 성미가 급하긴 하지만 ~이지 않나요?

▶ 우리말에서도 '걔 ~이지 않니?'라고 말하죠? 그런 뉘앙스를 영어로는 Isn't he ~?처럼 나타내요.

6 **~ has[have] always been confident about ~.**
~는 (예전부터) 항상 ~에 대해 자신감이 넘쳤어요.

▶ 과거부터 지금까지 계속되는 상황을 나타낼 때 영어는 〈have p.p.(과거분사)〉로 표현합니다. be동사의 p.p.는 been이고요,
이때 원래 be동사 뒤에 놓였던 always는 〈have+always+p.p.〉로 쓰이게 됩니다.

확인학습 다음 우리말 문장을 영어로 쓰세요.

1   (당신) 형제 자매 있어요?

   ▸ _____

2   저는 가족이랑 잘 못 지내요.

   ▸ _____

3   우리 엄마는 제가 밖에 늦게 있는 걸 절대 허락 안 하세요.

   ▸ _____

4   우리는 네 식구예요.

   ▸ _____

5   그녀는 자기 중심적이에요.

   ▸ _____

6   그 사람 어때요?

   ▸ _____

7   전 우리 가족한테 짐 같아요.

   ▸ _____

8   우리 부모님은 아직도 저를 애 취급하세요.

   ▸ _____

9   성격이 운명을 결정하죠.

   ▸ _____

10 그는 부끄러움을 타고요, 저도 그래요.

   ▸ _____

11 그는 성미가 급하긴 하지만 쿨해요.

    ▶ _____

12 그녀는 항상 자신에 대해 자신감이 넘쳐요.

    ▶ _____

13 전 음식에 관해서 까탈스러워요.

    ▶ _____

14 전 좀 집순이 스타일이에요.

    ▶ _____

15 저희 부모님은 이혼하셨어요.

    ▶ _____

16 식구가 몇 명이에요?

    ▶ _____

17 전 부모님이랑 친해요.

    ▶ _____

18 전 외동이에요.

    ▶ _____

19 엄마랑 전 거의 외식 안 해요.

    ▶ _____

20 그는 유머 감각이 있어요.

    ▶ _____

UNIT 6
성격 3
Personality 3

미엘린층 만들기 큰소리로 낭독하고 외우면 영어 고속도로(미엘린층)가 생겨요!

What a kind person you are!
정말 친절한 분이시군요!

She is generous to a fault.
그녀는 지나치게 너그러워요.

generous 너그러운
to a fault 지나치게

Don't be so stingy with money.
돈 갖고 너무 쨰쩨하게 굴지 마세요.

be stingy with ~ 갖고 쨰쩨하게 굴다

I get easily distracted.
전 쉽게 산만해져요.

distracted 산만해지는

I work hard and play hard.
전 열심히 일하고 열심히 놀아요.

hard 열심히

I don't like childish people.
전 유치한 사람들 싫어해요.

childish 유치한

Check It Out! 낭독하기 ☐☐☐☐☐ ☐☐☐☐☐
암송하기 ☐☐☐☐☐ ☐☐☐☐☐

알아두세요.
현재시제라는 말, 많이 들어봤죠? 많이들 헷갈려 하는데, 현재시제가 꼭 지금 현재의 일을 말하는 건 아닙니다. 하루 이틀이 아니라 꽤 오래 지속되는 습관이나 방식, 버릇 등을 표현할 때 이 현재시제를 씁니다. She is generous to a fault.는 지금 말하는 현재에만 그녀가 지나치게 너그럽다는 뜻이 아니라 원래 평소에도 그렇다는 걸 뜻합니다. 만약에 지금 말하는 순간에만 그렇다는 걸 나타내려면 문장 뒤에 now(지금), right now(지금 당장은)을 붙이면 돼요. 꼭 알아두세요.

해석하고 따라 쓰기

눈으로만 보면 안 돼요. 우리말 해석을 쓰고 영어 문장을 따라 쓰세요.

1 What a kind person you are!

▶ 〈What a+형용사+명사+주어+동사〉로 쓰면 '정말 ~이군요'라는 감탄을 나타낼 수 있어요.

2 She is generous to a fault.

▶ to a fault는 '지나칠 정도로'라는 뜻의 관용어구예요. 〈형용사+to a fault〉처럼 사용해요.

3 Don't be so stingy with money.

▶ be stingy with는 '~를 갖고 째째하게 굴다'로 with 다음에 째째하게 굴게 되는 대상을 넣으면 돼요. 〈Don't be+형용사〉는 형용사와 관련해 그러지 말라고 할 때 쓰는 유용한 표현이에요.

4 I get easily distracted.

▶ distract는 '~를 산만하게 하다'예요. 하지만 주변 상황 때문에 주어가 산만해질 때는 〈be/get+distracted〉로 표현한답니다.

5 I work hard and play hard.

▶ 이 문장은 '일할 때는 일하고 놀 땐 놀아요'의 뜻입니다.

6 I don't like childish people.

▶ child(어린이)에 -ish를 붙이면 '유치한'이고, -like를 붙이면 '순진한'의 뜻이 되어요. childish는 부정적으로, childlike는 좋은 의미로 쓰여요.

UNIT 6

응용하기

주어진 표현에 어구만 바꿔서 문장을 써 보세요.

듣기 & 말하기

1. **What a ~ you are!** (당신) 정말 ~이군요!
   nice woman (멋진 여자) / good guy (괜찮은 사람)

2. **She is ~ to a fault.** 그녀는 지나칠 정도로 ~해요.
   honest (정직한) / loyal (충직한)

3. **Don't be so stingy with ~.** ~ 갖고 너무 째째하게 굴지 말아요.
   the cream (크림) / the sauce (소스)

4. **I get easily ~.** 전 쉽게 ~해져요.
   bored (지루해진) / frustrated (좌절하는)

5. **I work hard and ~.** 전 열심히 일하고 ~해요.
   earn a lot of money (돈을 많이 벌다) / am active (활동적이다)

6. **I don't like ~ people.** 전 ~한 사람들 싫어해요.
   lazy (게으른) / boring (지루한, 재미없는)

확장 응용하기

옆 페이지에 쓴 문장을 다음에 나온 표현에 맞게 다시 쓰세요.

1 What a ~ she is! 그녀는 정말 ~이군요!

▶ 눈앞에 있는 '너' 대신 제3의 여성에 대해 감탄할 때는 you are을 she is로만 바꾸면 됩니다.

2 Is she ~ to a fault? 그녀는 지나치게 ~인가요?

▶ 〈He/She is ~〉 의문문은 Is를 앞에 놓은 〈Is she/he ~?〉예요.

3 You are so stingy with ~. 당신은 ~에 대해 너무 째째하게 굴어요.

▶ 상대방에 대해 직설적으로 단언하며 말할 때는 이렇게 씁니다.

4 I got easily ~. 전 쉽게 ~했어요.

▶ get의 과거형은 got이에요.

5 I will work hard and ~. 전 열심히 일하고 ~할 거예요.

▶ 미래에 '~할 거라고' 계획 등을 나타낼 때는 will을 써요. 이때, will은 뒤에 오는 동사를 무조건 동사원형으로 바꾸는 강력한 힘이 있어서 am active도 be active로 바뀝니다.

6 No one likes ~ people. 아무도 ~한 사람을 좋아하지 않아요.

▶ No one은 '아무도 ~ 않는'의 뜻이에요. 이미 No를 써서 부정문을 만들었기 때문에 문장에 not을 또 써 줄 이유가 없어요. 영어에서 No one은 3인칭, 그것도 단수로 보기 때문에 현재형일 때는 동사에 -(e)s를 붙여야 합니다.

UNIT 6

UNIT 7

취미와 습관 1
Hobbies and Habits 1

미엘린층 만들기 큰소리로 낭독하고 외우면 영어 고속도로(미엘린층)가 생겨요!

What is your hobby?
(당신) 취미가 뭐예요?

hobby 취미

My hobby is watching movies.
제 취미는 영화 보는 거예요.

watch movies 영화를 보다

What do you like to do in the weekend?
주말에 뭘 하는 걸 좋아해요?

like to+동사원형 ~하는 걸 좋아하다
in the weekend 주말에

I love taking pictures of myself.
전 셀카 찍는 걸 아주 좋아해요.

love ~을 아주 좋아하다
take pictures of oneself 셀카를 찍다

I am fond of jazz.
전 재즈를 좋아해요.

be fond of ~을 좋아하다

I like to read when I have some free time.
전 시간 있을 때 독서하는 걸 좋아해요.

free time 여가시간
have free time 시간이 있다

Check It Out! 낭독하기 ☐☐☐☐ ☐☐☐☐
암송하기 ☐☐☐☐ ☐☐☐☐

알아두세요.

I take pictures of me. (난 나를 사진 찍는다.). 이 문장이 얼핏 보면 말이 될 것 같지만 틀린 문장이에요. 주어인 내가 나한테 어떤 행동을 할 때는 me가 아니라 myself를 써야 하거든요. 왜 그러냐고요? 원어민들이 예전부터 그렇게 쓰기로 자기네들끼리 약속해 놓은 거예요. 만약에 James가 셀카를 찍는다고 하면 James takes pictures of himself.가 되는 거죠. 자, 주어가 자기한테 뭔가 직접 행동을 취할 때는 -self가 붙은 단어를 쓴다는 것, 꼭 알아두세요.

해석하고 따라 쓰기

눈으로만 보면 안 돼요. 우리말 해석을 쓰고 영어 문장을 따라 쓰세요.

1 What is your hobby?

▶ What are your hobbies?처럼 복수로 물을 수도 있고, Do you have any hobbies?(취미가 있어요?)처럼 물을 수도 있어요.

2 My hobby is watching movies.

▶ My hobby is ~ 뒤에 다양한 자신의 취미를 넣어서 대답할 수 있어요.

3 What do you like to do in the weekend?

▶ ⟨like to do 목적어⟩는 '~하는 것을 좋아하다'의 뜻이에요.

4 I love taking pictures of myself.

▶ take a picture of -self/-selves는 '(카메라를 들고) 자신의 사진을 찍는다'는 뜻이에요. 즉, '셀카를 찍다'의 의미지요. ⟨love+동사-ing⟩는 '~하는 걸 아주 좋아하다'의 뜻입니다.

5. I am fond of jazz.

▶ be fond of는 '~를 좋아하고 즐기다'란 뜻으로 주로 오랫동안 좋아하고 즐겨 온 걸 말할 때 사용해요.

6 I like to read when I have some free time.

▶ have free time은 '(일에 쫓기지 않고) 여유 시간이 있다'의 뜻이에요.

UNIT 7

응용하기

주어진 표현에 어구만 바꿔서 문장을 써 보세요.

듣기 & 말하기

1. What is your ~? (당신) ~는 뭐예요?
favorite thing to do (가장 좋아하는 일) / favorite pastime activity (가장 좋아하는 여가 활동)

2. My hobby is ~. 제 취미는 ~예요.
traveling (여행하는 것) / listening to music (음악 듣는 것)

3. What do you like to do ~? ~에 뭘 하는 걸 좋아해요?
in your free time (여가 시간에) / for fun (취미로)

4. I love taking pictures of ~. 전 ~ 사진 찍는 걸 아주 좋아해요.
nature (자연) / my friends (내 친구들)

5. I am fond of ~. 난 ~를 좋아해요.
reading (독서) / coffee (커피)

6. I like to read when ~. 난 ~일 때 책 읽는 걸 좋아해요.
I am at the park (내가 공원에 있다) / I am alone (내가 혼자 있다)

확장 응용하기

옆 페이지에 쓴 문장을 다음에 나온 표현에 맞게 다시 쓰세요.

1 Do you have any~? 당신은 어떤 ~가 있어요?

▶ any는 명사 앞에 놓여 '(뭐든 상관없이) 아무'의 뜻입니다. 그래서 any book은 '아무 책'의 뜻이에요.

2 ~ is my hobby. ~하는 게 제 취미예요.

▶ 우리말 '~가 제 취미예요'처럼 취미로 하는 걸 먼저 말하고 is my hobby를 붙이면 OK!

3 What does she usually like to do ~? 그녀는 ~ 주로 뭘 하는 걸 좋아해요?

▶ usually는 '주로, 대개'의 뜻이에요. 열에 일고여덟의 순으로 뭔가를 할 때 쓰는 단어랍니다.

4 I like taking picture of ~. 난 ~ 사진 찍는 걸 좋아해요.

▶ 〈love+동사-ing〉에서 love 대신에 like를 쓰면 '아주 좋아한다'에서 그냥 '좋아한다'로 의미가 살짝 바뀌어요.

5 I was fond of ~. 난 ~를 좋아했어요.

▶ am의 과거형은 was입니다. 이렇게 과거형을 쓰면 현재와 상관없이 과거의 사실만을 전하게 돼요.

6 I liked to read when I (과거 시제로) ~. 난 ~였을 때 독서하는 걸 좋아했어요.

▶ 과거 일을 말하고 싶을 때는 like 하나만 과거형으로 바꾸는 게 아니라 when 뒤에 오는 문장까지 모두 과거시제로 바꿔 줘야 합니다.

취미와 습관 2
Hobbies and Habits 2

미엘린층 만들기 큰소리로 낭독하고 외우면 영어 고속도로(미엘린층)가 생겨요!

When I am not busy, I watch TV.
전 안 바쁠 때는 텔레비전을 봐요.

when ~일 때   busy 바쁜
watch TV 텔레비전을 보다

It's hard to break bad habits.
나쁜 습관은 끊어내기가 힘들어요.

hard 힘든   break 끊어내다, 깨뜨리다
habit 습관

I have a habit of biting my fingers.
전 손가락을 물어뜯는 버릇이 있어요.

have a habit of ~하는 버릇이 있다
bite 물어뜯다   finger 손가락

What is your favorite color?
(당신이) 가장 좋아하는 색이 뭐예요?

favorite 가장 좋아하는   color 색깔

I am keen on learning languages.
전 언어를 배우는 걸 아주 좋아해요.

be keen on ~을 아주 좋아하다
learn 배우다   language 언어

Almost every day I take a nap.
전 거의 매일 낮잠을 자요.

almost every day 거의 매일
take a nap 낮잠 자다

Check It Out! 낭독하기 ☐☐☐☐☐ ☐☐☐☐☐
암송하기 ☐☐☐☐☐ ☐☐☐☐☐

알아두세요.
It's hard to break bad habits. 얘는 원래 To break bad habits is hard.였어요. 그런데 주어가 너무 길죠? 원어민들은 주어가 긴 걸 몸서리치게 싫어해요. 그래서 ____ is hard to break bad habits.처럼 주어를 뒤로 보냈어요. 그랬더니 원래 있던 자리가 텅 비는데, 또 주어가 없는 건 싫어하는 원어민들은 이 자리에 대신 it을 넣어 채워 줬어요. 그러니까 이때의 it은 비어 있는 자리 채우기 용인 거죠. 우리가 흔히 알고 있는 it의 원래 뜻(그것은 던져 버리고 채우기 용도로만 쓰입니다.

해석하고 따라 쓰기

눈으로만 보면 안 돼요. 우리말 해석을 쓰고 영어 문장을 따라 쓰세요.

1 When I am not busy, I watch TV.

▶ when은 '~일 때, ~할 때'의 뜻으로 뒤에는 거의 95% 〈주어+동사〉의 형태가 와요.

2 It's hard to break bad habits.

▶ 〈It is+상태를 나타내는 말+to+동사원형 ~〉은 '~인 것은/~하는 것은 …해요'의 뜻입니다.

3 I have a habit of biting my fingers.

▶ a habit of ~는 '~하는 버릇'이라는 뜻이에요. of 뒤에는 대개 동사에 -ing를 붙인 형태가 와요. 그래서 bite(물어뜯다)에 -ing가 붙은 biting이 왔어요.

4 What is your favorite color?

▶ What is ~?는 '~는 무엇이에요?'로 정체가 궁금할 때 물어요. 궁금한 정체가 하나이거나 셀 수 없는 것일 때는 is를 씁니다.

5 I am keen on learning languages.

▶ be keen on ~은 '~을 좋아하다'예요. on 뒤에는 〈동사-ing〉 형태나 bananas(바나나) 같은 단어가 올 수 있어요.

6 Almost every day I take a nap.

▶ almost는 '거의'로 십중팔구의 뜻을 나타냅니다. 대개 always(항상), every day(매일) 등과 같이 쓰여요.

UNIT 8

1 **When I am not busy, I ~.** 전 안 바쁠 때는 ~해요.
feel depressed (우울하다) / snack a lot (간식을 많이 먹다)

2 **It's hard to ~.** ~하기는 힘들어요.
get up early in the morning (아침에 일찍 일어나다) / quit smoking (담배를 끊다)

3 **I have a habit of ~.** 전 ~하는 버릇이 있어요.
spitting (침을 뱉는) / overeating junkfood (인스턴트 음식을 과식하는)

4 **What is your favorite ~?** 당신이 가장 좋아하는 ~는 뭐예요?
food (음식) / season (계절)

5 **I am keen on ~.** 난 ~를 아주 좋아해요.
playing tennis (테니스 치는 것) / self-discipline (자기 수양)

6 **Almost every day I ~.** 전 거의 매일 ~해요.
have a headache (머리가 아프다) / watch the sun set (해 지는 걸 보다)

확장 응용하기

옆 페이지에 쓴 문장을 다음에 나온 표현에 맞게 다시 쓰세요.

1 When she is not busy, she ~.   그녀는 안 바쁠 때는 ~해요.

▶ 주어가 I am에서 she is로 바뀌었으니까 뒤에 오는 동사 feel과 snack도 형태가 바뀌어야 해요. 이렇게 주어가 3인칭 단수형이면서 현재일 때는 동사 뒤에 -s를 붙여요.

2 It was hard to ~.   ~하는 것은 힘들었어요.

▶ is의 과거형은 was예요. 과거에 힘들었던 일을 설명할 때 쓸 수 있어요.

3 He doesn't have a habit of ~.   그는 ~하는 버릇이 없어요.

▶ be동사를 제외한 나머지 동사의 현재 부정형은 don't/doesn't를 앞에 두어 만들어요. 주어가 제3자이면서 단수일 때는 doesn't을 씁니다.

4 What is his favorite ~?   그가 가장 좋아하는 ~는 뭐예요?

▶ 제3자인 남자의 소유격을 나타낼 때는 his를 명사 앞에 씁니다.

5 Are you keen on ~?   ~를 좋아하나요?

▶ be동사가 쓰인 문장을 you(당신)를 주어로 해서 물어보고 싶을 때는 Are you ~?를 씁니다.

6 Almost every day I (과거시제로) ~.   거의 매일 전 ~했어요.

▶ 현재형을 과거형으로 바꾸는 거라서 have는 had, watch는 watched입니다.

UNIT 8

UNIT 9 취미와 습관 3
Hobbies and Habits 3

미엘린층 만들기 큰소리로 낭독하고 외우면 영어 고속도로(미엘린층)가 생겨요!

I get used to getting up early.
전 일찍 일어나는 데 익숙해요.

get used to ~에 익숙하다
get up (잠자리에서) 일어나다 early 일찍

I am well adapted to multitasking.
전 한번에 여러 가지 일을 하는 데 적응이 되었어요.

be adapted to ~에 적응이 되다
well 잘
multitask 여러 일을 한번에 하다

He is habitually late.
그는 습관적으로 지각해요.

habitually 습관적으로
be late 지각하다, 늦다

I never developed a taste for coffee.
전 커피에 취미를 전혀 못 붙였어요.

never 전혀 ~않은
develop 개발하다, 발전시키다
taste for ~에 대한 취미, 기호

This place is growing on me.
(전) 이곳이 점점 더 좋아지고 있어요.

A grow on B
A가 B 마음에 점점 더 들게 되다

I am interested in learning new things.
전 새로운 걸 배우는 데 관심이 있어요.

be interested in ~에 관심이 있다
learn 배우다   thing 것

Check It Out! 낭독하기 ☐☐☐☐☐ ☐☐☐☐☐
암송하기 ☐☐☐☐☐ ☐☐☐☐☐

알아두세요.
to, for, in, on 같은 우리가 전치사라고 알고 있는 애들은 뒤에 명사나 〈동사-ing〉 형을 놓을 수 있습니다. 이렇게 전치사 뒤에 오는 〈동사-ing〉를 동명사라고 해요.

해석하고 따라 쓰기 눈으로만 보면 안 돼요. 우리말 해석을 쓰고 영어 문장을 따라 쓰세요.

1 I get used to getting up early.

▶ get[be] used to 뒤에 동사 형태를 쓸 때는 반드시 〈동사-ing〉로 써야 해요.

2 I am well adapted to multitasking.

▶ be adapted to 역시 뒤에 동사 형태를 쓸 때는 꼭 〈동사-ing〉로 써야 해요.

3 He is habitually late.

4 I never developed a taste for coffee.

▶ never를 쓰면 '절대, 전혀 아닌'으로 부정의 의미를 강조합니다.

5 This place is growing on me.

6 I am interested in learning new things.

▶ be interested in 다음에는 관심의 대상을 쓰세요. 그 대상을 동사를 이용해 표현할 때는 〈동사-ing〉로 표현합니다.

UNIT 9

응용하기

주어진 표현에 어구만 바꿔서 문장을 써 보세요.

듣기 & 말하기

1 I get used to ~. 전 ~에 익숙해요.

being alone (혼자 있는 것) / my job (내 일)

2 I am well adapted to ~. 전 ~에 잘 적응됐어요.

harsh climates (혹독한 기후) / time constraints (시간 제약)

3 He is ~ late. 그는 ~ 지각해요.

frequently (종종) / always (항상)

4 I never developed a taste for ~. 전 ~에 취미를 전혀 붙이지 못했어요.

beer (맥주) / hard liquor (독주)

5 ~ is growing on me. (전) ~가 점점 더 좋아지고 있어요.

Paris (파리) / Jane (제인)

6 I am interested in ~. 전 ~에 관심이 있어요.

your idea (당신 생각) / buying a house (집을 사는 것)

확장 응용하기

옆 페이지에 쓴 문장을 다음에 나온 표현에 맞게 다시 쓰세요.

1 I got used to ~. 전 ~에 익숙해졌었어요.

▶ 익숙해졌었던 과거의 일을 말할 때는 get의 과거형 got을 씁니다.

2 I will be well adapted to ~. 전 ~에 잘 적응할 거예요.

▶ be동사가 쓰인 현재형 문장을 미래시제로 고칠 때는 will be로 바꿉니다.

3 Is he ~ late? 그는 ~ 지각하나요?

▶ be동사가 들어간 문장을 의문문으로 바꿀 때는 주어와 be동사의 순서를 바꾸면 됩니다.

4 I developed a taste for ~. 저는 ~에 취미가 생겼어요.

▶ never를 빼면 강한 부정문에서 일반적인 의미를 전하는 긍정문으로 바뀝니다.

5 ~ is growing on him. 그는 ~가 점점 좋아지고 있어요.

▶ 전치사 on은 뒤에 명사나 대명사가 오는데, 대명사가 올 때는 목적격이 와요. he의 목적격은 him이에요.

6 We were interested in ~. 우리는 ~에 관심이 있었어요.

▶ 시제가 과거로 바뀌고 주어가 I에서 We로 바뀌었어요. 그래서 am이 were가 됐답니다.

UNIT 9   53

UNIT 10 외모 1
Appearance 1

미엘린층 만들기 큰소리로 낭독하고 외우면 영어 고속도로(미엘린층)가 생겨요!

What does she look like?
그녀는 인물이 어때요?

what ~ like (= how) 어떤, 어떻게
look ~하게 보이다

Her makeup is too much.
그녀는 화장이 너무 과해요.

makeup 화장
too much 너무 과한

He looks handsome.
그는 잘생겨 보여요.

handsome 잘생긴

She looks gorgeous.
그녀는 아주 멋져 보여요.

gorgeous 아주 멋진

He is always perfectly groomed.
그는 늘 완벽하게 차려 입어요.

perfectly 완벽하게
groomed 차려 입은

He is slovenly in attitude.
그는 태도 면에서 칠칠맞아요.

slovenly 칠칠맞은, 단정치 못한, 꾀죄죄한   attitude 태도

Check It Out! 낭독하기 ☐☐☐☐ ☐☐☐☐
암송하기 ☐☐☐☐ ☐☐☐☐

알아두세요.
look은 '~하게 보이다'의 뜻이에요. 그런데 '~하게'라고 해서 look prettily(예쁘게 보이다), look beautifully(아름답게 보이다)로 쓰면 안 돼요. 반드시 look pretty, look beautiful처럼 써야 맞습니다.

해석하고 따라 쓰기   눈으로만 보면 안 돼요. 우리말 해석을 쓰고 영어 문장을 따라 쓰세요.

1 What does she look like?

▶ 한번도 보지 못한 사람의 외모가 궁금할 때 이렇게 물어보면 OK!

2 Her makeup is too much.

▶ '화장'은 makeup으로 make-up, make up 이렇게 쓰지 않도록 하세요.

3 He looks handsome.

▶ 이렇게 '~하게 보이다'라는 look을 쓰면 말하는 사람 눈에 그렇게 보인다는 의미예요.

4 She looks gorgeous.

▶ handsome은 남자에게만 쓰이는데 반해 gorgeous는 남녀 모두에게 쓰일 수 있어요.

5 He is always perfectly groomed.

▶ always는 be동사 뒤에 찰싹 붙여 놓는다는 것, 기억하세요.

6 He is slovenly in attitude.

▶ slovenly 뒤에 〈in+태도, 복장, 말투〉 등을 넣어서 단정치 못한 상태를 구체적으로 나타낼 수 있어요.

응용하기

주어진 표현에 어구만 바꿔서 문장을 써 보세요.

듣기 & 말하기

1. **What does ~ look like?** ~는 인물이 어때요?

   your wife (당신 아내) / his daughter (그의 딸)

2. **Her makeup is too ~.** 그녀의 화장은 너무 ~해요.

   thick (짙은) / light (옅은)

3. **He looks ~.** 그는 ~해 보여요.

   so cute (매우 귀여운) / familiar (낯익은)

4. **She looks ~.** 그녀는 ~해 보여요.

   young (젊은) / so skinny (매우 마른)

5. **He is always perfectly ~.** 그는 늘 완벽하게 ~에요.

   proper in his behavior (행동이 예의바른) / prepared (준비된)

6. **He is slovenly in ~.** 그는 ~가 칠칠맞아요.

   dress (옷차림) / speech (말투)

확장 응용하기 옆 페이지에 쓴 문장을 다음에 나온 표현에 맞게 다시 쓰세요.

1 **What did ~ look like?** ~는 인물이 어땠어요?

▶ does의 과거형은 did예요. does를 did로만 바꾸면 현재 상황에서 과거의 일을 물을 수가 있어요.

2 **Her makeup has been too ~.** 그녀는 화장이 (예전부터 지금까지) 너무 ~해요.

▶ 예전에도 그랬고 지금도 계속 그렇다는 걸 말하고 싶을 때는 〈have+과거분사〉를 써요. her makeup이 3인칭 단수라 have가 has가 됐고요. be동사의 과거분사는 been이랍니다.

3 **Does he look ~?** 그는 ~해 보이나요?

▶ 일반동사 문장을 의문문으로 만들 때는 주어 앞에 Do/Does/Did 중 하나만 쓰면 돼요. Did는 과거형일 때, Does는 현재형이고 주어가 3인칭 단수일 때죠. 이때 주어 뒤에는 동사원형을 써야 합니다.

4 **She doesn't look ~.** 그녀는 ~해 보이지 않아요.

▶ 3인칭 현재 단수 동사의 부정은 동사 앞에 does not이나 doesn't를 놓아요. 이때 동사 형태는 동사원형입니다.

5 **He was always perfectly ~.** 그는 늘 완벽하게 ~였어요.

▶ is의 과거형 was를 써서 과거시제 문장이 되었어요.

6 **He is not slovenly in ~.** 그는 ~가 칠칠맞지 않아요.

▶ be동사 is 뒤에 not을 넣어서 '~가 아니다'라는 부정문이 되었어요.

UNIT 10

REVIEW UNIT 6-10

확인학습 다음 우리말 문장을 영어로 쓰세요.

1 그녀는 지나치게 너그러워요.
▶ _____

2 전 셀카 찍는 걸 아주 좋아해요.
▶ _____

3 나쁜 습관은 끊어내기가 힘들어요.
▶ _____

4 그는 습관적으로 지각해요.
▶ _____

5 그녀는 화장이 너무 과해요.
▶ _____

6 그는 늘 완벽하게 차려 입어요.
▶ _____

7 전 커피에 대해선 취미를 전혀 못 붙였어요.
▶ _____

8 전 손가락을 물어뜯는 버릇이 있어요.
▶ _____

9 전 재즈를 좋아해요.
▶ _____

10 돈 갖고 너무 짜째하게 굴지 마요.
▶ _____

11 전 쉽게 산만해져요.

▶ _____

12 전 안 바쁠 때는 텔레비전을 봐요.

▶ _____

13 전 이곳이 점점 좋아지고 있어요.

▶ _____

14 그는 태도 면에서 칠칠맞아요.

▶ _____

15 그녀는 아주 멋져 보여요.

▶ _____

16 그녀는 인물이 어때요?

▶ _____

17 전 한번에 여러 가지 일을 하는 데 적응이 되었어요.

▶ _____

18 전 일찍 일어나는 데 익숙해요.

▶ _____

19 당신 취미가 뭐예요?

▶ _____

20 전 유치한 사람들 안 좋아해요.

▶ _____

UNIT 11 외모 2
Appearance 2

미엘린층 만들기 큰소리로 낭독하고 외우면 영어 고속도로(미엘린층)가 생겨요!

How tall are you?
(당신) 키가 얼마예요?

You are taller than me.
저보다 키 크시네요.

I gain weight easily.
전 살이 쉽게 쪄요.

It's hard to lose weight.
살 빼는 게 힘들어요.

You look so good in black.
검정색으로 입으니까 아주 멋져 보여요.

Did you have your hair done?
머리 했어요?

- how tall (키가) 얼마나 큰
- taller 키가 더 큰
- gain weight 살이 찌다
- easily 쉽게
- lose weight 살을 빼다
- look good 멋있어 보이다
- in black 검정색 옷을 입으니
- have one's hair done (미장원에서) 머리를 하다

Check It Out! 낭독하기 ☐☐☐☐☐ ☐☐☐☐☐
암송하기 ☐☐☐☐☐ ☐☐☐☐☐

알아두세요.
마지막 문장을 이해하려면 두 가지 개념을 알아야 해요. 첫째, have가 '누구에게 ~하라고 시키다'의 뜻이 있다는 것과 둘째, 과거분사는 스스로의 의지가 아닌 타인이나 상황에 의해 그렇게 되는 것을 뜻한다는 걸요. 그래서 〈have+사람/사물+과거분사〉는 '(주어가) 사람/사물이 (다른 것의 영향을 받아) ~한 상태가 되라고 시키다'의 뜻입니다. Did you have your hair done?은 직역하면 '(너는) 네 머리가 (다른 사람의 손길을 받아) 하도록 시켰니?'입니다. 즉, 다른 사람한테 머리하게 만들었니?, 미용사한테서 머리 한 거야?의 뜻입니다.

해석하고 따라 쓰기 눈으로만 보면 안 돼요. 우리말 해석을 쓰고 영어 문장을 따라 쓰세요.

1 How tall are you?

▶ How tall은 '키'를 물어볼 때 써요. 크기를 물을 때엔 How big/How large로 물으면 돼요.

2 You are taller than I.

▶ taller는 '더 큰', than은 '~보다'니까 taller than ~은 '~보다 더 큰'의 뜻입니다. 두 개를 비교할 때 써요.

3 I gain weight easily.

▶ 이렇게 현재형으로 말한 거는 평소의 자기 체질을 얘기하기 때문이에요.

4 It's hard to lose weight.

▶ 반대로 '살이 찌다, 살이 붙다'는 gain weight입니다.

5 You look so good in black.

▶ 〈in+색깔〉을 쓰면 '~색을 입고/입어서/입으니'의 뜻이에요.

6 Did you have your hair done?

▶ 〈have+one's hair+done〉을 '머리를 하다'로 통째로 외워 두세요. 이때는 자기 혼자 한 게 아니라 미용실에 가서 머리를 만진 걸 의미합니다.

UNIT 11

응용하기

주어진 표현에 어구만 바꿔서 문장을 써 보세요.

듣기 & 말하기

1 How tall ~? ~는 키가/높이가 얼마예요?

is your sister (네 여동생은) / is the Statue of Liberty (자유의 여신상은)

▶ tall은 사람에게 쓰이면 키, 사물에게 쓰이면 '높이'를 나타내요.

2 You are taller than ~. ~보다 크시네요.

him (그) / my brother (내 오빠)

3 I ~ easily. 난 쉽게 ~해요.

fall in love (사랑에 빠지다) / learn languages (언어를 배우다)

4 It's hard to ~. ~하는 건 어려워요.

love enemies (원수를 사랑하다) / understand his story (그의 이야기를 이해하다)

5 You look so good in ~. ~색으로 입으니까 아주 멋져 보여요.

red (붉은색) / white (흰색)

6 Did you have your hair ~? 머리 ~했어요?

cut (자른) / permed (파마한)

확장 응용하기

옆 페이지에 쓴 문장을 다음에 나온 표현에 맞게 다시 쓰세요.

1 **How tall be동사 과거형 ~?** ~는 키가/높이가 얼마였어요?

▶ 과거형 문장으로 바뀌었어요. is의 과거형은 was입니다.

2 **John is taller than ~.** 존은 ~보다 키가 커요.

▶ 사람 이름은 3인칭 단수로 취급해요. 그래서 현재형일 때 be동사는 is입니다.

3 **I don't ~ easily.** 난 쉽게 ~ 안 해요.

▶ 주어가 I인 현재시제 문장을 부정할 때는 동사 앞에 do not/don't를 씁니다.

4 **It's hard for me to ~.** 나에겐 ~하는 게 힘들어요.

▶ 이렇게 〈It is ~ to+동사원형〉에서 〈to+동사원형〉 앞에 for me, for him 등을 쓰면 뒤에 오는 동사의 행위 주체를 나타낼 수 있습니다.

5 **You didn't look so good in ~.** 당신은 ~색으로 입으니까 그다지 멋져 보이지 않았어요.

▶ 현재형을 과거형 부정문으로 바꿀 때는 동사 앞에 didn't만 쓰면 됩니다.

6 **Do you regularly have your hair ~?** 당신은 정기적으로 머리 ~해요?

▶ 과거 의문문을 현재 의문문으로 바꾸는 문장이에요. 현재 의문문은 평소에 그렇게 하는지를 물어보는 문장입니다.

UNIT 11

UNIT 12 외모 3
Appearance 3

미엘린층 만들기 큰소리로 낭독하고 외우면 영어 고속도로(미엘린층)가 생겨요!

She has short hair.
그녀는 머리가 짧아요.

short 짧은   hair 머리카락

I have poor eyesight.
전 시력이 나빠요.

poor 안 좋은, 나쁜   eyesight 시력

He is muscular and in shape.
그는 근육질인데다 몸매가 좋아요.

muscular 근육질의
in shape 체력이 좋은, 몸매가 좋은

What's your first impression of me?
제 첫 인상이 어때요?

first impression of A A의 첫 인상

I got a crush on you.
나 너한테 홀딱 반했어.

get a crush on ~에 반하다

You are not my type.
당신은 제 스타일이 아니에요.

type (사람에 관하여) 스타일

Check It Out! 낭독하기 ☐☐☐☐☐ ☐☐☐☐☐
　　　　　　　　 암송하기 ☐☐☐☐☐ ☐☐☐☐☐

알아두세요.
몸의 상태나 질병을 말할 때 원어민들은 have(가지고 있다)를 써서 표현합니다. 워낙 소유 의식이 강해서 그런지 질병도 자기한테 속한, 자신이 가지고 있는 것으로 보는 것이지요. 우리말로는 '시력이 나빠'라고 하는 이 말도, 영어에서는 '난 나쁜 시력을 갖고 있어. (I have poor eyesight.)'라고 표현합니다.

해석하고 따라 쓰기

눈으로만 보면 안 돼요. 우리말 해석을 쓰고 영어 문장을 따라 쓰세요.

1 She has short hair.

▶ 원어민들은 소유의 개념이 강해서 머리가 짧은 것도 '짧은 머리를 가지고 있다'고 표현해요.

2 I have poor eyesight.

▶ 시력이 나쁜 것도 역시 '나쁜 시력을 갖고 있다'로 표현하지요.

3 He is muscular and in shape.

▶ in shape 앞에 he is가 빠져 있어요. 즉, He is muscular and he is in shape.인데, 같은 말의 반복이라 he is가 생략됐어요. be in shape는 '몸매가 좋다'의 뜻입니다.

4 What's your first impression of me?

▶ 여기서 your 대신 his(그의), her(그녀의)를 쓰면 제3자가 보는 내 첫 인상이 어떤지 물어볼 수 있어요.

5 I got a crush on you.

▶ get a crush on 다음에 반하게 된 대상을 쓰면 돼요.

6 You are not my type.

▶ 사람이 자기 스타일일 때는 type을 쓰고요, 물건이나 패션이 자기 스타일일 때는 style을 써요.

UNIT 12

응용하기

주어진 표현에 어구만 바꿔서 문장을 써 보세요.

듣기 & 말하기

1 **She has ~ hair.** 그녀는 머리가 ~예요.

curly (곱슬머리의) / brown (갈색인)

2 **I have ~ eyesight.** 전 시력이 ~예요.

bad (나쁜) / good (좋은)

3 **He is ~ and in shape.** 그는 ~인데다 몸매가 좋아요.

well-built (건장한) / tall (키가 큰)

4 **What's your first impression of ~?** ~ 첫 인상이 어때요?

my homepage (제 홈페이지) / Korea (한국)

5 **I got a crush on ~.** 난 ~한테 홀딱 반했어.

the actor (그 배우) / your brother (네 오빠)

6 **You are not my ~.** 당신은 내 ~가 아니에요.

mother (어머니) / boss (상사)

확장 응용하기

옆 페이지에 쓴 문장을 다음에 나온 표현에 맞게 다시 쓰세요.

1 **Does** she **have** ~ hair? 그녀는 머리가 ~예요?

▶ 너(you), 나(I)를 제외한 제3자 한 명에게 현재의 일에 대해 물어볼 때는 문장 맨 앞에 Does를 써요. 이때는 주어 뒤의 동사가 동사원형으로 바뀌는 것, 꼭 명심하세요.

2 I **don't** have ~ eye sight. 전 시력이 ~이지 않아요.

▶ 현재시제 부정문은 동사 앞에 don't/doesn't를 놓아 만듭니다.

3 **Is he** ~ and in shape? 그는 ~인데다 몸매가 좋아요?

▶ be동사가 들어간 문장을 의문문으로 만들 때는 주어와 be동사의 위치를 바꿔 주기만 하면 됩니다.

4 What **was** your first impression of ~? ~의 첫 인상은 어땠어요?

▶ What's (=is) ~?로 시작한 문장을 과거시제로 물을 때는 is를 과거형인 was로 바꿔 주면 됩니다.

5 **Did she get** a crush on ~? 그녀는 ~에 반했나요?

▶ 3인칭 단수인 she를 주어로 과거 의문문을 만드는 문장이에요. 과거형은 인칭에 관계없이 주어 앞에 Did를 쓰면 됩니다. 물론 뒤의 동사 형태는 원형이어야 합니다.

6 **You are** my ~. 당신은 제 ~예요.

▶ not을 빼면 긍정의 문장을 만들 수 있습니다.

UNIT 13 음식 1
Food 1

미엘린층 만들기 큰소리로 낭독하고 외우면 영어 고속도로(미엘린층)가 생겨요!

I like seafood because it tastes good.
맛있어서 전 해산물 좋아해요.

seafood 해산물
because ~이기 때문에
taste ~한 맛이 나다

I don't like greasy food.
전 기름진 음식 안 좋아해요.

greasy 기름진

Have you ever tried Vietnamese food?
베트남 음식 먹어 본 적 있어요?

try 먹어 보다
Vietnamese 베트남의

Are you a good cook?
요리 잘해요?

good cook 요리 잘하는 사람

This is a bit salty to my taste.
이거 제 입맛엔 좀 짜요.

a bit 약간   salty 짠
to my taste 내 입맛에

Thinking of it makes my mouth water.
생각만 해도 침이 고여요.

think of A A를 생각하다
make one's mouth water
침이 고이게 하다

Check It Out!
낭독하기
암송하기

알아두세요.
good은 '좋은', cook은 '요리사'니까 good cook은 '좋은 요리사'의 뜻일 것 같죠? 하지만 영어에서는 '요리를 잘하는 사람'의 뜻이에요. 비슷한 형태로 good swimmer(수영 잘하는 사람), good dancer(춤 잘 추는 사람)이 있습니다.

해석하고 따라 쓰기 — 눈으로만 보면 안 돼요. 우리말 해석을 쓰고 영어 문장을 따라 쓰세요.

1 I like seafood because it tastes good.

▶ because(~이기 때문에)는 이유를 설명하는 말을 이끌어요. 뒤에는 〈주어+동사〉의 문장이 와요.

2 I don't like greasy food.

▶ 음식이 기름진 건 greasy라고 표현합니다.

3 Have you ever tried Vietnamese food?

▶ 동사 try 뒤에 음식과 관련된 단어가 나오면 '(그 음식을) 먹어 보다'의 뜻이에요.

4 Are you a good cook?

▶ 참고로 cooker는 '조리용 기구'를 뜻하는 말이므로 cook과 헷갈리지 마세요.

5 This is a bit salty to my taste.

6 Thinking of it makes my mouth water.

▶ 통째로 외워 두는 게 편한 표현으로, 〈주어+make one's mouth water〉는 '주어가 입에 침이 고이게 하다'의 뜻이에요. 그렇다면 여기서 주어는 Thinking of it이 되겠네요.

UNIT 13

응용하기

주어진 표현에 어구만 바꿔서 문장을 써 보세요.
듣기 & 말하기

1 **I like seafood because ~.** ~라서 전 해산물을 좋아해요.
   it is delicious (맛있다) / it's easy to digest (소화시키기 쉽다)

2 **I don't like ~ food.** 전 ~한 음식은 안 좋아해요.
   spicy (매운) / fishy (비린)

3 **Have you ever tried ~ food?** ~ 음식 먹어 본 적 있어요?
   Italian (이탈리아의) / Greek (그리스의)

4 **Are you a good ~?** ~ 잘해요?
   swimmer (수영 선수(수영)) / dancer (무용수(무용))

5 **This is a bit ~ to my taste.** 이거 제 입맛에는 좀 ~해요.
   sweet (단) / spicy (매운)

6 **~ makes my mouth water.** ~ 입에 침이 고여요.
   Talking about food (음식에 대해 말만 해도) / Seeing it (보기만 해도)

확장 응용하기

옆 페이지에 쓴 문장을 다음에 나온 표현에 맞게 다시 쓰세요.

1 **She likes** seafood because ~. ~라서 그녀는 해산물을 좋아해요.

_____

_____

▶ 주어가 1인칭 I에서 3인칭 단수인 She로 바뀌었어요. 이때 동사가 현재형이면 동사에 -(e)s를 붙입니다.

2 I **liked** ~ food. 전 ~ 음식을 좋아했어요.

_____

_____

▶ 현재 부정문에서 과거시제로 바뀌었어요. 동사의 과거형은 대부분 동사 뒤에 -ed나 -d를 붙여 만들어요.

3 Have you ever **eaten** ~ food? ~ 음식 먹은 적 있어요?

_____

_____

▶ try(먹어 보다)를 eat(먹다)로 바꿔 사용할 수도 있어요. eat의 과거분사가 eaten이랍니다.

4 **Aren't you** a good ~? ~ 잘하지 않아요?

_____

_____

▶ 우리말의 '~이지 않아요?/~하지 않아요?'처럼 물어보는 걸 부정의문문이라고 해요. 이건 주어 앞에 Isn't/Aren't/Don't/Doesn't/Didn't를 붙이면 쉽게 만들 수 있어요.

5 This is **too** ~ to my taste. 이게 제 입맛엔 너무 ~해요.

_____

_____

▶ too는 '너무'라는 뜻의 단어로 뭔가 과한, 그래서 부정적인 뉘앙스를 띕니다.

6 ~ **made** my mouth water. ~ 입에 침이 고였어요.

_____

_____

▶ make의 과거형은 made입니다. 과거형은 주어가 뭐든 상관없이 똑같은 형태를 씁니다.

UNIT 13

UNIT 14 음식 2
Food 2

미엘린층 만들기 큰소리로 낭독하고 외우면 영어 고속도로(미엘린층)가 생겨요!

The steak there is amazing.
그곳 스테이크는 끝내줘요.

amazing 놀라운

I like to eat at home.
전 집에서 먹는 게 좋아요.

at home 집에서

The meat went bad before the use by date.
소비 기한 전에 고기가 상했어요.

go bad 상하다   before ~ 전에
the use by date 소비 기한

The salmon smelled fishy.
연어에서 비린내가 났어요.

salmon 연어
smell ~한 냄새가 나다
fishy 비릿한

What kind of food do you like the best?
어떤 종류의 음식을 가장 좋아하세요?

What kind of 어떠한 종류의
the best 가장

I have never had Spanish cuisine.
전 한번도 스페인 요리를 먹어 본 적이 없어요.

Spanish 스페인의   cuisine 요리

Check It Out! 낭독하기 ☐☐☐☐☐ ☐☐☐☐☐
암송하기 ☐☐☐☐☐ ☐☐☐☐☐

알아두세요.
go를 '~에 가다'로만 알고 있었을 거예요. 그런데 이 go 뒤에 bad(나쁜), bald(대머리인) 같은 상태를 나타내는 말이 오면 '(그런 상태가) 되다'의 뜻으로 쓰여요. 주로 안 좋은 상태가 되는 것을 표현해요.

해석하고 따라 쓰기

눈으로만 보면 안 돼요. 우리말 해석을 쓰고 영어 문장을 따라 쓰세요.

1 The steak there is amazing.

▶ there는 '그곳의, 그곳에서'의 뜻으로 나도 알고, 상대방도 아는 장소를 말할 때 쓸 수 있어요.

2 I like to eat at home.

▶ like는 '~을 좋아하다'의 뜻이에요. 어떤 행동을 하기 좋아한다고 표현할 때는 like 뒤에 〈to+동사원형〉을 써요.
eat은 '먹다'라는 뜻 외에 '(일상적인) 식사를 하다'의 뜻도 있습니다.

3 The meat went bad before the use by date.

▶ go의 과거형은 went예요. the use by date는 '소비 기한'으로 통째로 외워 두세요.

4 The salmon smelled fishy.

▶ smell은 '~한 냄새가 나다'라는 뜻으로 뒤에 냄새의 상태와 관련된 단어가 나옵니다.

5 What kind of food do you like the best?

▶ 여기서 kind는 '친절한'의 뜻이 아니에요. 여기서는 '종류'의 뜻으로 쓰였어요.
그래서 What kind of ~는 '어떤 종류의 ~'라는 의미가 됩니다.

6 I have never had Spanish cuisine.

▶ 〈have+p.p.(과거분사)〉는 현재완료로 '~한 적이 있다'라는 경험을 나타내기도 해요.
have never had에서 had는 have의 과거분사형이고요, have는 '가지다'의 뜻 외에 '먹다'의 뜻도 있어요.

응용하기

주어진 표현에 어구만 바꿔서 문장을 써 보세요.
듣기 & 말하기 ☐☐☐☐☐ ☐☐☐☐☐

1 **~ there is amazing.** 그곳 ~는 끝내줘요.

   The barbecue (바비큐) / The pizza (피자)

---

2 **I like to eat ~.** 난 ~ 먹는 게 좋아요.

   in (안에서) / out (밖에서)

▶ in/out이 단독으로 쓰이면 '안에서/밖에서'의 뜻이 됩니다.

3 **~ went bad before the use by date.** 소비 기한 전에 ~가 상했어요.

   The milk (우유) / The bread (빵)

---

4 **The salmon smelled ~.** 연어에서 ~한 냄새가 났어요.

   strange (이상한) / so good (매우 좋은)

---

5 **What kind of ~ do you like the best?** 어떤 종류의 ~를 가장 좋아하세요?

   music (음악) / dog breed (개 품종)

---

6 **I have never had ~.** ~는 한번도 먹어 본 적이 없어요.

   crab meat (게살) / lobster (바다가재)

확장 응용하기

옆 페이지에 쓴 문장을 다음에 나온 표현에 맞게 다시 쓰세요.

1 ~ **here** is amazing. 이곳 ~는 끝내줘요.

▶ 상대방과 내가 함께 있는 '이곳'은 here로 표현합니다.

2 I **would like** to eat ~. 난 ~ 먹고 싶어요.

▶ ⟨like to+동사원형⟩은 '~하는 걸 좋아하다'이고, ⟨would like to+동사원형⟩은 '~하고 싶다'는 소망을 나타내요.

3 ~ **seems to go** bad before the use by date.
소비 기한 전에 ~가 상하는 것 같아요.

▶ 확실한 단정이 아니라 현재 상태에 대해 추측을 나타낼 때는 ⟨seem to+동사원형⟩으로 나타내요.

4 The salmon **tasted** ~. 연어가 ~한 맛이 났어요.

▶ taste는 '~한 맛이 나다'로 뒤에는 맛의 상태와 관련된 단어가 나옵니다.

5 What **sort** of ~ do you like the best? 어떤 종류의 ~를 가장 좋아해요?

▶ kind와 sort는 서로 대체 가능한 단어예요.

6 **She has** never had ~. 그녀는 한번도 ~을 먹어 본 적이 없어요.

▶ 주어가 I, you, we, they일 경우엔 현재완료가 ⟨have+p.p.⟩이지만 3인칭 단수인 ⟨he/she⟩는 ⟨has+p.p.⟩입니다.

UNIT 14

UNIT 15 학업 1
Studying 1

미엘린층 만들기 큰소리로 낭독하고 외우면 영어 고속도로(미엘린층)가 생겨요!

I have a major in economics.
전 경제학 전공이에요.

have a major in ~을 전공하다
major 전공
economics 경제학

My school grades are going down.
학교 성적이 떨어지고 있어요.

shool grade 학교 성적
go down 떨어지다

I study hard but still get bad grades.
전 열심히 공부하는데 여전히 성적이 나빠요.

get 받다 bad grades 나쁜 성적

She failed in the math exam.
그녀는 수학 시험에서 낙제했어요.

fail 시험에 떨어지다, 낙제하다

What is your favorite subject?
가장 좋아하는 과목이 뭐예요?

favorite 가장 좋아하는
subject 과목

She got straight A's.
그녀는 전과목 A를 받았어요.

straight 연속적인
straight A's 올 A

Check It Out! 낭독하기 ☐☐☐☐ ☐☐☐☐
암송하기 ☐☐☐☐ ☐☐☐☐

알아두세요.
major는 '전공하다, 전공'의 뜻이 있어요. 이와 관련해서 minor(부전공하다, 부전공)도 알아두세요. 역시 〈minor in+전공 과목명〉으로 표현합니다.

해석하고 따라 쓰기 눈으로만 보면 안 돼요. 우리말 해석을 쓰고 영어 문장을 따라 쓰세요.

1 I have a major in economics.

▶ 현재 공부 중일 때도, 이미 학위를 받은 상태일 때도 사용할 수 있습니다.

2 My school grades are going down.

▶ 영어는 성적(grade)를 셀 수 있는 단어로 봐요. 성적이 떨어지는 건 여러 과목 성적이 떨어지는 거라서 grade가 아니라 grades로 표현한답니다.

3 I study hard but still get bad grades.

▶ but은 앞의 내용과 반대되는 것이 나올 때 씁니다. 열심히 공부하는 것에 상반되는 나쁜 성적이라 but을 써서 표현했습니다.

4 She failed in the math exam.

▶ fail은 '실패하다'가 원 뜻이에요. 과목에서 실패한 건 낙제한 거겠죠? 그래서 '낙제하다'의 뜻도 있어요.

5 What is your favorite subject?

▶ subject는 '과목'이며 그 과목을 가르치는 강좌는 course라고 해요.

6 She got straight A's.

▶ '전과목 B'는 A 대신 B만 쓰면 됩니다.

UNIT 15

응용하기

주어진 표현에 어구만 바꿔서 문장을 써 보세요.

듣기 & 말하기

1. **I have a major in ~.** 전 ~ 전공이에요.
   mathematics (수학) / computer science (컴퓨터 공학)

2. **My school grades are ~.** 제 학교 성적이 ~예요.
   dropping (떨어지고 있는) / average (평균인)

3. **I study hard but sill ~.** 전 열심히 공부하는데 여전히 ~.
   get low marks (낮은 점수를 받다) / fail the exam (시험에 떨어지다)

4. **She failed in ~.** 그녀는 ~에 실패했어요/ ~에서 낙제했어요.
   her life (그녀의 인생) / Spanish (스페인어)

5. **What is your favorite ~?** 가장 좋아하는 ~는 뭐예요?
   extracurricular activity (특별 활동) / time to study (공부 시간)

6. **She got ~.** 그녀는 ~를 받았어요.
   good grades (좋은 성적) / bad grades (나쁜 성적)

확장 응용하기

옆 페이지에 쓴 문장을 다음에 나온 표현에 맞게 다시 쓰세요.

1 **I will have a major in ~.** 전 ~를 전공할 거예요.

▶ 가까운 미래에 자신이 할 행동이나 상태를 말할 때는 〈will+동사원형〉으로 표현합니다.

2 **Are your school grades ~?** 당신 학교 성적이 ~예요?

▶ 나를 설명하는 문장에서 상대방에게 물어보는 문장으로 바뀌었어요.

3 **He studies hard but still ~.** 그는 열심히 공부를 하지만 여전히 ~해요.

▶ 주어가 I에서 3인칭 He로 바뀌었어요. 이때는 study도 그에 맞게 studies가 되고요, 뒤에 오는 get, fail도 각각 gets, fails로 바뀌어야 합니다.

4 **She didn't fail in ~.** 그녀는 ~에 실패하지/낙제하지 않았어요.

▶ 과거형 문장을 부정할 때는 〈didn't+동사원형〉으로 나타냅니다.

5 **What is his favorite ~?** 그가 가장 좋아하는 ~는 뭐예요?

▶ your는 눈앞에 있는 상대방에게 물어볼 때고, his는 나도 알고 상대방도 아는 제 3자에 대해 물어볼 때 씁니다.

6 **She got ~ last semester.** 그녀는 지난 학기에 ~를 받았어요.

▶ 행위나 동작, 상태가 일어났던 시기를 언급해 더 정확한 내용을 말할 수 있어요. 이런 어구는 문장 맨 앞이나 맨 뒤에 옵니다. 〈last+명사〉가 오면 과거동사를 사용합니다.

REVIEW UNIT 11-15

확인학습 다음 우리말 문장을 영어로 쓰세요.

1 검정색으로 입으니까 아주 멋져 보여요.

   ▶ _____

2 당신은 제 스타일이 아니에요.

   ▶ _____

3 베트남 음식 먹어 본 적 있어요?

   ▶ _____

4 그곳 스테이크는 끝내줘요.

   ▶ _____

5 전 경제학 전공이에요.

   ▶ _____

6 전 열심히 공부하는데 여전히 성적이 나빠요.

   ▶ _____

7 소비 기한 전에 고기가 상했어요.

   ▶ _____

8 전 기름진 음식을 안 좋아해요.

   ▶ _____

9 그는 근육질인데다 몸매가 좋아요.

   ▶ _____

10 저보다 키 크시네요.

   ▶ _____

11 머리 했어요?

▶ _____

12 제 첫인상은 어때요?

▶ _____

13 요리 잘해요?

▶ _____

14 전 집에서 먹는 게 좋아요.

▶ _____

15 그녀는 수학 시험에서 낙제했어요.

▶ _____

16 그녀는 전과목 A를 받았어요.

▶ _____

17 연어에서 비린내가 났어요.

▶ _____

18 생각만 해도 침이 고여요.

▶ _____

19 전 시력이 나빠요.

▶ _____

20 살 빼는 게 힘들어요.

▶ _____

UNIT 16 학업 2
Studying 2

미엘린층 만들기 큰소리로 낭독하고 외우면 영어 고속도로(미엘린층)가 생겨요!

I need to take three required courses.
필수 과목을 세 개 들어야 해요.

need to+동사원형 ~해야 한다
take (강의, 강좌를) 듣다
required course 필수 과목

I took a psychology course.
전 심리학 수업을 들었어요.

psychology 심리학

There are many liberal arts courses.
교양 과목들이 많이 있어요.

There are ~ ~들이 있다
liberal arts 인문, 교양

I enrolled in an elective course.
전 선택 과목에 한 개 등록했어요.

enroll in ~에 등록하다
elective course 선택 과목

The class was cancelled.
휴강이 되었어요.

cancel 취소하다
be cancelled 취소되다

Do you know how to write a paper well?
논문 잘 쓰는 법 알아요?

how to+동사원형 ~하는 (방)법
paper 논문, 과제물
well 잘

Check It Out! 낭독하기 ☐☐☐☐☐ ☐☐☐☐☐
암송하기 ☐☐☐☐☐ ☐☐☐☐☐

알아두세요.
need는 '~을 필요로 하다'의 뜻이에요. 그런데 〈need to+동사원형〉의 형태가 되면 '~해야 한다'의 뜻으로 〈have to+동사원형〉과 거의 비슷한 의미로 쓰입니다. 강제적인 의미를 많이 띠는 표현입니다.

해석하고 따라 쓰기

눈으로만 보면 안 돼요. 우리말 해석을 쓰고 영어 문장을 따라 쓰세요.

1 I need to take three required courses.

2 I took a psychology course.

▶ took은 take의 과거형입니다.

3 There are many liberal arts courses.

▶ liberal arts는 '교양' 혹은 '문과'의 뜻도 있어요. 참고로 '이과'는 natural sciences라고 합니다.

4 I enrolled in an elective course.

5 The class was cancelled.

▶ 교수님 또는 학교 사정으로 수업이 취소되었기 때문에 was cancelled(취소되었다)로 표현했어요. 학생 개인 이유로 '자체 휴강'한 것은 was absent from class(수업에 결강했다)로 표현하면 됩니다.

6 Do you know how to write a paper well?

▶ paper가 '종이'의 뜻일 때는 셀 수 없는 명사이지만, '논문, 과제물'이 되면 셀 수 있는 명사가 됩니다. 그래서 paper 앞에 a를 붙였습니다.

UNIT 16

응용하기

주어진 표현에 어구만 바꿔서 문장을 써 보세요.
듣기 & 말하기

1. **I need to take ~.** 난 ~를 들어야 해요.
   20 credits (20학점) / six subjects (여섯 과목)

2. **I took ~.** 난 ~을 들었어요.
   the economics class (그 경제학 수업) / liberal arts courses (교양 강좌들)

3. **There are many ~.** ~가 많이 있어요.
   courses offered in English (영어로 제공되는 수업) / famous professors (유명한 교수님들)

4. **I enrolled in ~.** 난 ~에 등록했어요.
   a new course (새로 생긴 강좌) / Yale Law School (예일대 법학대학원)

   ▶ enroll in은 등록하다 외에 '입학하다'의 뜻도 있어요.

5. **~ was cancelled.** ~가 취소됐어요.
   The school outing (학교 소풍) / The trip (여행이)

6. **Do you know how to write ~ well?** ~ 잘 쓰는 법 알아요?
   an essay (에세이) / a letter (편지)

확장 응용하기

옆 페이지에 쓴 문장을 다음에 나온 표현에 맞게 다시 쓰세요.

1 I needed to take ~. 난 ~를 수강해야만 했어요.

▶ 과거에 ~했어야 했던 일을 언급할 때는 need의 과거형 needed를 쓰면 돼요.

2 I have taken ~. ~를 (예전부터 지금까지) 듣고 있어요.

▶ taken은 take의 과거분사예요. have taken이니까 과거부터 듣기 시작해서 지금도 계속 듣고 있다는 것을 의미합니다.

3 There are a few ~. 몇 개의/몇 분의 ~가 있어요.

▶ many(많은)과 a few(몇 개 있는)은 둘 다 뒤에 셀 수 있는 명사의 복수 형태가 와요.

4 I wasn't able to enroll in ~. 난 ~에 등록할 수가 없었어요.

▶ 〈be able to+동사원형〉은 '~할 수 있다'는 능력의 의미를 나타냅니다. 이것의 과거형과 부정어 not을 이용해 '~할 수 없었다'의 뜻을 표현할 수 있습니다.

5 ~ may be cancelled. ~가 취소될 지도 몰라요.

▶ may는 '~일지도 모른다'라는, 확신이 떨어지는 추측을 나타내요. 뒤에 동사원형이 오기 때문에 was의 동사원형 be가 쓰였어요.

6 Does she know how to write ~ well? 그녀는 ~ 잘 쓰는 법 알아요?

▶ 주어가 3인칭 단수이고 현재시제인 문장을 의문문으로 바꿀 때는 조동사 Does가 주어 앞에 나와요. 대신 주어 뒤의 동사는 동사원형이 온다는 것, 꼭 기억하세요.

UNIT 17

학교 생활 1
School Life 1

미엘린층 만들기 큰소리로 낭독하고 외우면 영어 고속도로(미엘린층)가 생겨요!

Have you ever applied for a scholarship?
장학금 신청해 본 적 있어요?

apply for ~를 신청하다
scholarship 장학금

Why did he drop out of school?
그 사람 왜 학교 중퇴했어요?

drop out of ~를 중퇴하다

Were you involved in any extracurricular activities?
학과 외 활동에 참여했어요?

be involved in ~에 참여하다
extracurricular activity 학과 외 활동

Were you a model student at school?
학교에서 모범생이었어요?

model student 모범생

The professor handed out an assignment.
교수님이 과제를 하나 내주셨어요.

hand out 나누어 주다
assignment 과제

I signed up for courses.
저 수강 신청했어요.

sign up for ~에 등록하다

Check It Out! 낭독하기 ☐☐☐☐ ☐☐☐☐
암송하기 ☐☐☐☐ ☐☐☐☐

알아두세요.

〈have+과거분사〉와 동사의 과거시제가 전하는 의미 차이를 확실히 알아두세요. 〈have+과거분사〉의 가장 큰 전제는 과거의 일이 현재까지 영향을 끼친다는 걸 깔고 말한다는 것이고요, 과거시제는 과거는 과거일 뿐, 현재하고는 아무 상관 없음을 풍긴답니다. 그래서 첫 번째 문장은 '장학금을 신청해 본 적이 있고, 그 신청한 게 현재와도 관련이 있는가'를 묻고 있습니다. 나머지 문장은 단순히 과거 사실을 말하거나 물어보는 것일 뿐이지 현재와는 관련이 없습니다.

해석하고 따라 쓰기 눈으로만 보면 안 돼요. 우리말 해석을 쓰고 영어 문장을 따라 쓰세요.

1 Have you ever applied for a scholarship?

▶ ever는 의문문이나 부정문에서 '한번이라도'의 뜻으로 쓰이는 말이에요.

2 Why did he drop out of school?

▶ drop은 '떨어지다', out of ~는 '~ 밖으로'로 학교 밖으로 떨어지다인데, 스스로 자퇴한 경우에 씁니다.

3 Were you involved in any extracurricular activities?

▶ 이 extracurricular activities의 예로는 학생회 활동, 동아리 활동, 봉사 모임 등을 들 수 있어요.

4 Were you a model student at school?

5. The professor handed out an assignment.

▶ hand out이 '나누어 주다'의 의미인 반면, hand in은 '제출하다'란 뜻입니다.

6 I signed up for courses.

▶ subject가 '과목'이고 course가 그 과목에 대한 '강좌'를 뜻합니다.
sign up for는 강좌 뿐 아니라 문화센터나 헬스클럽에 등록할 때도 쓰는 표현입니다.

UNIT 17

응용하기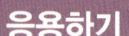

주어진 표현에 어구만 바꿔서 문장을 써 보세요.

듣기 & 말하기 ☐☐☐☐☐ ☐☐☐☐☐

1. **Have you ever applied for ~?** ~ 신청해 본 적 있어요?

   a passport (여권) / a student finance (학생 재정 원조)

2. **Why did he drop out of ~?** 그는 왜 ~를 중퇴했나요?

   high school (고등학교) / university (대학)

3. **Were you involved in ~?** ~에 참여했어요?

   any class discussions (학급 토론) / any after-school activities (방과후 활동)

4. **Were you a ~ student at school?** 학교에서 ~한 학생이었어요?

   good (좋은) / naughty (말 안 듣는)

5. **The professor handed out ~.** 교수님이 ~를 나누어 줬어요.

   the course syllabus (강의 계획서) / the test papers (시험지)

6. **I signed up for ~.** 난 ~을 신청했어요.

   a fitness class (체육 수업) / a cooking class (요리 수업)

확장 응용하기

옆 페이지에 쓴 문장을 다음에 나온 표현에 맞게 다시 쓰세요.

1 Are you going to apply for ~? 당신은 ~ 신청할 거예요?

▶ be going to는 '(원래 하려고 계획해 놓은 걸 곧) 할 것이다'의 뜻으로 to 뒤에는 동사원형이 오지요. 의문문은 Be동사를 주어 앞에 두어 〈Be동사+주어+going to ~?〉로 만듭니다.

2 Did you drop out of ~? 당신은 ~를 중퇴했나요?

▶ 의문사 why를 쓴 건 이유를 알고 싶어서이고, why 없이 상대방에게 물어보는 건 내용을 확인하기 위해서입니다.

3 Have you been involved in ~? ~에 참여해 왔나요?

▶ 과거형은 단순하게 과거의 일만 뜻하지만, 〈have+과거분사〉는 과거에서 시작해 현재까지 이어지는 걸 의미합니다. 이걸 의문문으로 만들 때는 〈Have/Has+주어+과거분사 ~?〉로 표현합니다.

4 She wasn't a ~ student at school. 그녀는 학교에서 ~한 학생이 아니었어요.

▶ 여성인 제3자(She)의 과거의 일을 부정하는 문장입니다. wasn't는 was not의 줄임말이지요.

5 Did the professor hand out ~? 교수님이 ~를 나눠 주었어요?

▶ be동사가 아닌, 일반동사의 과거형 문장을 의문문으로 만들 때는 〈Did+주어+동사원형 ~?〉으로 표현합니다.

6 Did you sign up for ~? ~을 신청했나요?

▶ 상대방에게 과거의 일을 물어볼 때는 〈Did you+동사원형 ~?〉으로 표현합니다.

UNIT 17

UNIT 18 학교 생활 2
School Life 2

미엘린층 만들기 큰소리로 낭독하고 외우면 영어 고속도로(미엘린층)가 생겨요!

I graduated from high school last year.
전 작년에 고등학교 졸업했어요.

graduate from ~를 졸업하다
last year 작년에

I had an annoying classmate.
귀찮게 하는 반 아이가 한 명 있었죠.

annoying 짜증나게 하는, 귀찮게 하는

The summer vacation is almost over.
여름 방학이 거의 끝났어요.

be over 끝나다   almost 거의

The prom is around the corner.
졸업생 파티가 다가오고 있어요.

prom (졸업을 앞둔 학생들이 벌이는) 무도회
around the corner 다가오고 있는, 얼마 안 남은

I left school early because I felt sick.
아파서 조퇴했어요.

leave school early 조퇴하다
feel sick 아프다

She was suspended from school.
그녀는 학교에서 정학당했어요.

be suspended 정학당하다

Check It Out! 낭독하기 ☐☐☐☐☐ ☐☐☐☐☐
암송하기 ☐☐☐☐☐ ☐☐☐☐☐

알아두세요.
우리말에서 '졸업하다'는 '~을 졸업하다'니까 graduate high school처럼 쓸 것 같지만, 영어는 반드시 graduate from으로 이 from을 써 줘야 해요. 시험에서, 또는 말할 때 자주 틀리는 부분이에요.

해석하고 따라 쓰기

눈으로만 보면 안 돼요. 우리말 해석을 쓰고 영어 문장을 따라 쓰세요.

1 I graduated from high school last year.

2 I had an annoying classmate.

3 The summer vacation is almost over.

▶ be over는 '(정해진 시간, 기간 등이) 끝나다'의 뜻이에요.

4 The prom is around the corner.

▶ around the corner는 장소나 일자가 '목전에 있는'의 뜻이에요.
그래서 My office is just around the corner.는 '내 사무실은 바로 근처에 있어요.'의 뜻이지요.

5 I left school early because I felt sick.

▶ left는 leave(떠나다)의 과거형이에요. leave school early는 학교를(school) 일찍(early) 떠나는(leave) 거니까 '조퇴하다'의 뜻입니다.

6 She was suspended from school.

▶ suspend는 '중단하다', '매달다' 외에 '정학시키다'의 뜻이 있어요. 주어가 정학을 당한 거면 〈be동사+suspended〉라고 표현합니다.

응용하기

주어진 표현에 어구만 바꿔서 문장을 써 보세요.
듣기 & 말하기

1. **I graduated from ~ last year.** 전 작년에 ~ 졸업했어요.
   college (대학) / graduate school (대학원)

2. **I had an annoying ~.** 귀찮게 하는 ~가 한 명 있었어요.
   sister (여동생) / twitter friend (트위터 친구)

3. **The summer vacation is ~.** 여름 방학이 ~해요.
   drawing near (다가오고 있는) / coming to an end (끝나가고 있는)

   ▶ come to an end: (끝으로 오다 즉,) 끝나가다

4. **The prom is ~.** 졸업생 파티는 ~해요.
   held every year (매년 열리는) / tomorrow (내일)

5. **I left school early because ~.** ~라서 학교 조퇴했어요.
   I threw up (내가 토했다) / I had a cold (내가 감기에 걸렸다)

6. **She was ~ from school.** 그녀는 학교에서 ~했어요.
   expelled (퇴학당한) / absent (결석한)

확장 응용하기

옆 페이지에 쓴 문장을 다음에 나온 표현에 맞게 다시 쓰세요.

1 I finished ~ last year. 전 작년에 ~를 마쳤어요.

▶ '졸업하다'는 graduate from 외에 finish로도 표현해요. 단, graduate는 반드시 from과 함께 쓰여야 하지만, finish(끝마치다) 다음에 바로 끝마친 목적어가 옵니다.

2 I have never had an annoying ~. 귀찮게 하는 ~가 있었던 적이 한번도 없었어요.

▶ ⟨have+과거분사⟩는 '과거부터 현재까지 진행되는 일' 외에 현재까지 영향을 미치는 과거의 경험을 표현하기도 합니다. have와 과거분사 사이에 never를 쓰면 그런 경험이 한번도 없었다는 뜻이 되지요.

3 Is the summer vacation ~? 여름 방학이 ~해요?

▶ be동사가 들어간 문장을 의문문으로 만들 때는 be동사를 주어 앞으로 빼기만 하면 돼요.

4 The prom was ~. 졸업생 파티는 ~였어요.

▶ be동사의 과거형은 was/were인데 주어가 3인칭 단수일 땐 was를 사용해요.

5 I will leave school early because ~. ~여서 학교 조퇴할 거예요.

▶ 현재 상태가 어떠해서 곧 조퇴할 거라는 의미이므로 because 뒤에 오는 과거형을 현재형으로 고쳐야 해요. threw의 현재형은 throw, had의 현재형은 have입니다.

6 Were you ~ from school? 당신, 학교에서 ~했어요?

▶ 상대방에게 과거의 상태를 be동사를 활용해 물어볼 때는 Were you ~로 먼저 던져야 합니다.

UNIT 18

UNIT 19 일, 고용, 회사 1
Work, Employment & Company 1

미엘린층 만들기 큰소리로 낭독하고 외우면 영어 고속도로(미엘린층)가 생겨요!

What do you do for a living?
무슨 일 하세요?

for a living 생계를 위해

I work for an advertising agency.
광고 대행사에서 일해요.

work for+근무처 종류 ~에서 근무하다
advertising agency 광고 대행사

It took me a year to find a job.
일자리 구하는 데 일년 걸렸어요.

take (시간이) 걸리다   find 찾다
job 일자리

I sent a résumé by e-mail.
이메일로 이력서 보냈어요.

résumé 이력서
by (수단을 뜻하는) ~로

Did you drop off the résumé in person?
직접 이력서를 제출했어요?

drop off 갖다 놓다
in person 직접, 몸소

She was hired for a year.
그녀는 일 년간 고용되었어요.

hire 고용하다   be hired 고용되다

Check It Out!   낭독하기 ☐☐☐☐☐ ☐☐☐☐☐
암송하기 ☐☐☐☐☐ ☐☐☐☐☐

알아두세요.
1. resume은 '재개하다'의 뜻이고요, résumé가 '이력서'의 뜻이에요. 위에 ´가 있고 없고에 따라서 의미가 달라집니다.
2. hire는 '(고용주가 직원을) 고용하다'고요, be hired는 '(회사에) 고용되다'입니다. 〈be동사+과거분사〉로 표현하면 주어가 자신의 의지가 아니라 다른 사람의 행동으로 영향을 받는 걸 표현해요.

해석하고 따라 쓰기

눈으로만 보면 안 돼요. 우리말 해석을 쓰고 영어 문장을 따라 쓰세요.

1 What do you do for a living?

▶ for a living 없이 What do you do?로만 말해도 직업을 묻는 표현이에요. What are you doing?이라고 하는 사람도 있는데, 이건 '지금 뭐 하고 있니?'란 뜻입니다.

2 I work for an advertising agency.

3 It took me a year to find a job.

▶ 〈It+takes+사람 목적어+시간+to+동사원형〉은 '~가 …하는 데 시간이 걸리다'의 뜻이에요. 아예 통째로 외워 두세요.

4 I sent a résumé by e-mail.

▶ by는 수단을 나타내는 전치사로, 뒤에 나오는 수단 앞에는 관사를 붙이지 않아요.

5 Did you drop off the résumé in person?

6 She was hired for a year.

UNIT 19

응용하기

주어진 표현에 어구만 바꿔서 문장을 써 보세요.

듣기 & 말하기

1. **What do you do ~?** ~ 뭐 하세요?
   for exercise (운동으로) / for a part-time job (아르바이트로)

2. **I work for ~.** ~에서 일해요.
   a small company (조그마한 회사) / a charity (자선단체)

3. **It took me a year to ~.** 제가 ~하는 데 일년 걸렸어요.
   master Japanese (일본어 마스터하다) / decide (결정하다)

4. **I sent ~ by email.** 이메일로 ~를 보냈어요.
   the report (보고서) / the schedule (일정표)

5. **Did you drop off ~ in person?** ~를 직접 가져다/데려다 주었어요?
   the packages (소포들) / the dog at the vet's (개를 동물병원에)

6. **She was hired ~.** 그녀는 ~에 고용되었어요.
   by an IT company (IT기업에) / as a receptionist (리셉셔니스트로)

▶ 〈be동사+과거분사+by ~〉에서 by 뒤에는 대개 행동을 하는 주체가 옵니다.

확장 응용하기

옆 페이지에 쓴 문장을 다음에 나온 표현에 맞게 다시 쓰세요.

1 What will you do ~? ~로 뭐 하실 거예요?

▶ 가까운 미래에 관해 질문할 때 will을 쓸 수 있어요. will 뒤에 오는 동사의 형태는 항상 원형입니다.

2 I used to work for ~. ~에서 일했었어요.

▶ 〈used to 동사원형〉은 현재에는 지속되지 않는 과거의 행동이나 습관을 나타내요.

3 It takes a long time to ~. ~하는 데 시간이 많이 걸려요.

▶ 앞 문장의 me는 〈to+동사원형〉의 행위자를 나타내요. 하지만 takes long time에서는 me가 없지요? 이건 굳이 행위자가 누구인지 밝힐 필요가 없기 때문입니다. 참고로 take long time은 '오래 걸리다'예요.

4 I was told to send ~ by email. 이메일로 ~ 보내라고 들었어요.

▶ 〈be동사+told+to 동사원형〉은 '~하라는 얘기를 듣다'의 뜻이에요.

5 Does she drop off ~ in person? 그녀는 직접 ~을 가져다 놓나요?

▶ 과거 의문문을 3인칭 단수 현재시제 의문문으로 바꾼 표현입니다. 현재시제는 평소의 습관, 행동을 나타낼 때 씁니다.

6 She has been hired ~. 그녀는 ~ (계속) 고용된 상태예요.

▶ 과거형은 과거의 일로만 끝나지만 〈have/has+과거분사〉는 과거부터 현재까지 계속된 상태를 의미합니다. be동사의 과거분사형은 been입니다.

UNIT 19

UNIT 20

일, 고용, 회사 2
Work, Employment & Company 2

미엘린층 만들기 큰소리로 낭독하고 외우면 영어 고속도로(미엘린층)가 생겨요!

My supervisor is impartial.
제 상관은 편견이 없는 분이에요.

supervisor 상관
impartial 편견이 없는

My colleagues are my family.
동료들은 제 가족이죠.

colleague 동료

She is off today.
그녀는 오늘 휴가예요.

be off 휴가를 내다, 쉬다

One of my coworkers is really grouchy.
동료 중 하나는 정말 투덜거려요.

one of+명사 ~ 중에 하나
grouchy 투덜거리는

I got tied up with work.
일 때문에 꼼짝 못했죠.

get tied up with
~ 때문에 꼼짝 못하다

I have a stressful job.
전 스트레스가 많은 일을 해요.

stressful 스트레스가 많은

Check It Out! 낭독하기 ☐☐☐☐☐ ☐☐☐☐☐
암송하기 ☐☐☐☐☐ ☐☐☐☐☐

알아두세요.
tie는 '묶다'고요. 이것의 과거분사형인 tied는 '묶인'의 뜻이에요. 이렇게 상태를 나타내는 단어 앞에 get이 오면 '그런 상태가 되다'의 뜻이 됩니다. 그래서 get tied는 '묶인 상태가 되다', get tired는 '피곤한 상태가 되다'의 뜻이에요.

해석하고 따라 쓰기

눈으로만 보면 안 돼요. 우리말 해석을 쓰고 영어 문장을 따라 쓰세요.

1 My supervisor is impartial.

▶ supervisor는 회사에서 내 직급 위의 직급인 사람을 가리켜요.

2 My colleagues are my family.

▶ 이 문장은 동료가 가족이란 게 아니라 가족처럼 친하게 지낸다는 걸 뜻합니다.

3 She is off today.

▶ off는 '일하지 않는(= not working)'의 뜻으로 쓰입니다. 반대로 '근무 중인'을 뜻할 때는 on duty라고 표현해요.

4 One of my coworkers is really grouchy.

▶ 〈one of+복수명사〉가 문장의 주어일 때 주어는 one이므로 동사는 단수형이 돼야 해요.
참고로 coworker와 colleague(동료)는 동의어예요.

5 I got tied up with work.

6 I have a stressful job.

▶ stressful은 '스트레스가 많은'이고, stressed는 '스트레스를 받는'이에요.
따라서 stressed job(스트레스를 받는 일)이라고는 절대 쓸 수 없어요. 스트레스를 받는 것은 사람이어야 하니까요.

응용하기

주어진 표현에 어구만 바꿔서 문장을 써 보세요.
듣기 & 말하기

1 **My supervisor is ~.** 제 상사는 ~예요.

picky (까다로운) / **always late** (언제나 지각하는)

2 **My colleagues are ~.** 제 동료들은 ~해요.

jealous of me (나를 질투하는) / **horrible** (끔찍한)

▶ be jealous of: ~를 질투하다

3 **She is ~ today.** 그녀는 오늘 ~예요.

out of town (출장 간) / **not at her desk** (자기 자리에 없는)

4 **One of my coworkers is really ~.** 동료 중 한 명은 정말 ~예요.

grumpy (성격이 나쁜) / **rude** (무례한)

5 **I got tied up with ~.** ~ 때문에 꼼짝 못했어요.

the routine (판에 박힌 일과) / **something else** (그 밖의 다른 일)

6 **I have a stressful ~.** 전 스트레스가 많은 ~을 보내요.

day (하루) / **week** (일주일)

▶ have는 기본 뜻이 '~을 가지고 있다'인데, 뒤에 시간과 관련된 어구가 나오면 '(시간을) 보내다'의 뜻이 됩니다.

확장 응용하기

옆 페이지에 쓴 문장을 다음에 나온 표현에 맞게 다시 쓰세요.

1 Is your supervisor ~? 당신 상관은 ~예요?

▶ 내가 아닌 상대방과 관련된 이야기를 물어보는 문장으로 바꾸세요.
be동사가 있는 문장을 의문문으로 바꿀 때는 be동사를 주어 앞에 두면 되고요, 상대방에 관련된 거니까 my가 your로 바뀌었어요.

2 My colleagues are not ~. 제 동료들은 ~이지 않아요.

▶ 〈be동사+not〉으로 be동사의 부정문을 표현할 수 있어요.

3 She was ~ today. 그녀는 오늘 ~였어요.

▶ 현재형에서 과거형으로 바뀌었어요. is의 과거형은 was입니다.

4 One of my coworkers has been really ~. 동료 중 한 명은 정말 (과거부터 지금까지) ~예요.

▶ 현재만 그런 게 아니라 예전부터 그랬는데 지금도 그렇다는 걸 표현하는 문장이에요.
이건 〈have/has+과거분사〉로 표현하고, be동사의 과거분사는 been이에요.

5 I became tied up with ~. ~ 때문에 꼼짝 못하게 됐어요.

▶ become 역시 뒤에 상태를 나타내는 말이 오면 '~한 상태가 되다'의 뜻이 돼요. become의 과거형은 became이랍니다.

6 I had a stressful ~. 전 스트레스가 많은 ~을 보냈어요/했어요.

▶ 현재형에서 과거형으로 고치는 문장으로 have의 과거형은 had예요.

UNIT 20

REVIEW
UNIT 16-20

확인학습 다음 우리말 문장을 영어로 쓰세요.

1 필수 과목을 3개 들어야 해요.
▶ _____

2 장학금 신청해 본 적 있어요?
▶ _____

3 전 작년에 고등학교 졸업했어요.
▶ _____

4 무슨 일 하세요?
▶ _____

5 제 상관은 편견이 없는 분이에요.
▶ _____

6 그녀는 오늘 휴가예요.
▶ _____

7 일자리 구하는 데 일년 걸렸어요.
▶ _____

8 귀찮게 하는 반 아이가 한 명 있었죠.
▶ _____

9 그 사람 왜 학교 중퇴했어요?
▶ _____

10 전 심리학 수업을 들었어요.
▶ _____

11 휴강이 되었어요.
   ▶ _____

12 학교에서 모범생이었어요?
   ▶ _____

13 아파서 조퇴했어요.
   ▶ _____

14 전 광고 대행사에서 일해요.
   ▶ _____

15 동료 중 하나가 정말 투덜거려요.
   ▶ _____

16 전 스트레스가 많은 일을 해요.
   ▶ _____

17 일 때문에 꼼짝 못했죠.
   ▶ _____

18 그녀는 학교에서 정학당했어요.
   ▶ _____

19 아파서 조퇴했어요.
   ▶ _____

20 전 선택 과목에 한 개 등록했어요.
   ▶ _____

UNIT 21

일, 고용, 회사 3
Work, Employment & Company 3

미엘린층 만들기 큰소리로 낭독하고 외우면 영어 고속도로(미엘린층)가 생겨요!

Do you work overtime at night?
야근하세요?

overtime 시간 외 근무
at night 밤에

He is away on a business trip.
그는 출장 차 자리 비운 상태예요.

be away 떠나 있다
on a business trip 출장 차

I was on duty last night.
저 어젯밤에 당직이었어요.

on duty 당직인, 근무 중인
be on duty 근무하다

Do you get along with your coworkers?
동료들이랑 사이 좋아요?

get along with ~와 사이 좋다, ~와 잘 지내다

She asked for a pay raise.
그녀가 월급 인상을 요청했어요.

ask for ~를 요청하다
pay raise 월급 인상

Does your company cover mobile phone expenses?
회사에서 휴대전화 요금 내줘요?

cover 부담하다
mobile phone 휴대전화
expense 비용

Check It Out! 낭독하기 암송하기

알아두세요.
pretty는 '예쁜'이지 '예쁘다'가 아니에요. '예쁘다'가 되려면 반드시 동사와 함께 쓰여야 하는데, 그 동사가 바로 be동사지요. away는 '(거리상) 떨어져 있는'이고, be away는 '(거리상) 떨어져 있다'의 의미가 돼요.

해석하고 따라 쓰기

눈으로만 보면 안 돼요. 우리말 해석을 쓰고 영어 문장을 따라 쓰세요.

1 Do you work overtime at night?

▶ work overtime은 '초과 근무를 하다'이고 at night은 '밤에'이므로 work overtime at night은 '야근하다'란 뜻이에요.

2 He is away on a business trip.

▶ away는 '자리에 없는'이란 뜻으로 away from work(직장에서 자리를 비운)의 줄임말이에요. away 없이 be on a business trip(출장 중이다)만으로도 쓸 수 있어요.

3 I was on duty last night.

▶ on duty는 '근무 중인'인데 밤에 근무를 하는 거니까 be on duty는 '당직이다'의 뜻이 되어요.

4 Do you get along with your coworkers?

5 She asked for a pay raise.

▶ 이렇게 과거형을 쓴 건 월급 인상을 요청한 사실만을 언급해요. 받아들여졌는지 거절됐는지는 모르는 거죠.

6 Does your company cover mobile phone expenses?

▶ cover는 '덮다'의 뜻 외에 '부담하다', '취재하다' 등의 뜻으로 쓰여요. expense는 travel expenses(여행 경비), overhead expenses(경상비)처럼 특정 용도로 사용되는 '경비'를 나타내요.

UNIT 21

응용하기

듣기 & 말하기

주어진 표현에 어구만 바꿔서 문장을 써 보세요.

1 **Do you work ~?** (당신) ~ 일해요?
   on weekends (주말에) / at this hotel (이 호텔에서)

2 **He is away ~.** 그는 ~ 자리를 비운 상태예요.
   on vacation (휴가 차) / on a journey (여행 차)

3 **I was ~ last night.** 전 어젯밤에 ~였어요.
   so tired (매우 피곤한) / busy (바쁜)

4 **Do you get along with ~?** 당신은 ~와 사이 좋아요?
   your siblings (당신 형제자매) / your neighbors (당신 이웃들)

5 **She asked for ~.** 그녀가 ~을 요청했어요.
   my help (제 도움을) / my advice on that matter (그 문제에 대한 내 조언)

▶ advice on: ~에 대한 조언   matter: 문제

6 **Does your company cover ~?** 회사에서 ~을 내 주나요?
   travel expenses (여행비) / hospital expenses (병원비)

확장 응용하기

옆 페이지에 쓴 문장을 다음에 나온 표현에 맞게 다시 쓰세요.

1 Do you have to work ~? 당신 ~에 일해야 해요?

▶ 〈have to+동사원형〉은 '(반드시) ~해야 한다'의 의무를 나타내요. 의문형은 〈Do+주어+have to+동사원형 ~?〉으로 나타냅니다.

2 He has been away ~. 그는 (과거부터 지금까지) ~ 자리를 비운 상태예요.

▶ is는 현재 상태를 나타내고 〈has+과거분사〉는 과거부터 현재까지의 상태를 나타내요.

3 Were you ~ last night? 당신 어젯밤에 ~였나요?

▶ 내 과거를 설명하던 문장에서 상대방의 과거를 물어보는 문장으로 바꾸어야 해요.
be동사의 과거형은 was와 were로 주어가 you일 때는 were를 씁니다.

4 Does she get along with ~? 그녀는 ~와 사이 좋아요?

▶ 주어가 you이면 소유격은 your가 되지만, she로 바뀌면 소유격은 her로 일치해 줘야 해요.

5 She will ask for ~. 그녀는 ~을 요청할 거예요.

▶ 과거형에서 가까운 미래를 나타내는 문장으로 바뀌어요. will은 '~할 것이다'로 뒤에는 반드시 동사원형이 와야 합니다.

6 Is your company going to cover ~? 회사에서 ~을 내 줄 건가요?

▶ 〈be going to+동사원형〉은 계획된 행동을 가까운 시일에 할 것임을 표현해요.
이것의 의문문은 〈Be동사+주어+going to+동사원형 ~?〉으로 표현해요.

UNIT 21

UNIT 22

일, 고용, 회사 4
Work, Employment & Company 4

미엘린층 만들기 큰소리로 낭독하고 외우면 영어 고속도로(미엘린층)가 생겨요!

He had a drink after work.
그는 퇴근 후에 한잔했어요.

have a drink 한잔하다
after work 퇴근 후에

I was fired for no reason.
전 이유도 없이 해고됐어요.

fire 해고하다   be fired 해고되다
for no reason 이유도 없이

He is moving to another company.
그는 다른 회사로 옮겨요.

move to ~로 옮기다
another 다른

I will retire soon and work part-time.
전 곧 은퇴하고 시간제로 일할 거예요.

retire 은퇴하다
part-time 시간제로

He has been transferred to Chicago.
그는 시카고로 전근갔어요.

transfer 전근시키다
be transferred to ~로 전근가다

Are you satisfied with your job?
당신 일에 만족해요?

be satisfied with ~에 만족하다

Check It Out!   낭독하기 ☐☐☐☐ ☐☐☐☐
            암송하기 ☐☐☐☐ ☐☐☐☐

알아두세요.
He is moving to another company.를 많은 사람들이 '그는 다른 회사로 옮기는 중이다'로 해석해요. 하지만, 〈be동사 현재형+동사-ing〉는 말하고 있는 현재 진행 중인 일 외에 90% 확정된 미래의 일을 나타낼 때도 쓰입니다. 그래서 위의 문장은 다른 회사로 이직하는 게 거의 확정돼서 '그가 다른 회사로 옮겨요.'의 뜻입니다.

해석하고 따라 쓰기   눈으로만 보면 안 돼요. 우리말 해석을 쓰고 영어 문장을 따라 쓰세요.

1   He had a drink after work.

▶ '퇴근 후'를 after the work로 표현하지 않게 주의하세요. the 없이 after work로만 표현합니다.

2   I was fired for no reason.

▶ 내가 남을 해고시킨 게 아니고 해고를 당한 거라서 〈be동사+과거분사〉를 썼어요.

3   He is moving to another company.

4   I will retire soon and work part-time.

▶ 여기서는 동사가 retire와 work 두 개예요. 이 동사들은 모두 will에 연결됩니다.

5   He has been transferred to Chicago.

▶ 전근간 것이 과거에 발생한 일이지만 현재까지도 시카고로 전근가 있는 상태이므로 〈have+과거분사〉로 표현했습니다.

6   Are you satisfied with your work?

▶ satisfy는 '~을 만족시키다'이고요, be satisfied는 '만족되다'예요. 만족되는 주체가 사람이므로 이렇게 표현한 것에 주의하세요.

UNIT 22

응용하기

주어진 표현에 어구만 바꿔서 문장을 써 보세요.

듣기 & 말하기 ☐☐☐☐☐ ☐☐☐☐☐

1 **He had a drink after ~.** 그는 ~ 후에 한잔했어요.
   a tough day (힘겨운 하루) / **a walk** (산책)

2 **I was fired for ~.** ~ 때문에 해고당했어요.
   poor performance (안 좋은 성과) / **being late** (지각한 것)

▶ for는 '~ 때문에'로 어떤 일이 일어나게 된 원인이나 이유를 나타내는 말 앞에 놓여요. for 뒤에는 명사, 〈동사-ing〉형이 옵니다.

3 **He is moving to ~.** 그는 ~로 옮겨요..
   Canada (캐나다) / **Tokyo** (도쿄)

▶ move to 뒤에 지역명이 나오면 '(해당 지역으로) 이주하다'의 뜻이에요.

4 **I will retire soon and ~.** 전 곧 은퇴하고 ~할 거예요.
   travel around the world (세계 일주를 하다) / **start to receive my pension** (연금을 받기 시작하다)

▶ start to+동사원형: ~하기 시작하다

5 **He has been transferred to ~.** 그는 ~로 전근갔어요.
   Miami (마이애미) / **New York** (뉴욕)

6 **Are you satisfied with ~?** ~에 만족하세요?
   your appearance (당신 외모) / **your character** (당신 성격)

확장 응용하기

옆 페이지에 쓴 문장을 다음에 나온 표현에 맞게 다시 쓰세요.

1 He sometimes had a drink after ~. 그는 가끔씩 ~ 후에 한잔했어요.

▶ sometimes(가끔씩)처럼 횟수를 나타내는 단어는 동사 앞에 놓입니다.

2 They fired me for ~. 그들은 나를 ~ 때문에 해고했어요.

▶ I was fired ~는 '다름 아닌 내가' 해고당한 걸 강조하고요, They fired me ~는 '다름 아닌 그들이' 나를 해고했다는 걸 강조해요. 누구에게 초점을 두느냐에 따라 다르게 표현합니다.

3 We are moving to ~. 우리는 ~로 옮겨요.

▶ 주어가 1인칭 복수형 we가 되면서 be동사도 is에서 are로 바뀌어요.

4 They will retire soon and ~. 그들은 곧 은퇴하고 ~할 거예요.

▶ will 같은 조동사는 주어가 달라져도 변함없이 will 그대로 씁니다. 뒤에 동사원형이 와야 하는 것도 같아요.

5 He was transferred to ~ 그는 전근갔어요.

▶ 〈have+과거분사〉 대신 과거형을 쓰면 과거 사실만 언급해요. 전근간 지역에 지금 있는지 없는지는 알 수 없어요.

6 Aren't you satisfied with ~? 당신 ~에 만족하지 않아요?

▶ '~이지 않아요?'처럼 부정의문문으로 물어볼 때는 문장 맨 앞으로 나가는 동사에 not의 축약형인 n't를 붙여서 표현합니다.

UNIT 22

UNIT 23 방학/휴가 1
Vacation/Holiday 1

미엘린층 만들기 큰소리로 낭독하고 외우면 영어 고속도로(미엘린층)가 생겨요!

Are you here on vacation?
여기에 휴가 차 왔어요?

on vacation 휴가 차
be on vacation 휴가 중이다

What did you do on your last holiday?
지난 휴일에 뭐 했어요?

last holiday 지난 휴일에

I don't enjoy family gatherings on weekends.
전 주말에 가족 모임을 썩 안 즐겨요.

enjoy 즐기다, 좋아하다
family gathering 가족 모임
on weekends 주말에

I've been to Shanghai for a few days.
저 며칠 상해에 다녀왔어요.

have been to+장소 ~에 다녀왔다
for a few days 며칠 동안

Where is the best vacation spot in the world?
세계 최고의 휴가지는 어디예요?

best 최고의
vacation spot 휴가 장소
in the world 세계에서

I prefer travelling during the holidays.
전 휴일에 (다른 것보다) 여행하는 걸 더 좋아해요.

prefer ~하는 것을 더 좋아하다
travel 여행하다   during ~ 동안

Check It Out! 낭독하기 ☐☐☐☐ ☐☐☐☐☐
암송하기 ☐☐☐☐ ☐☐☐☐☐

알아두세요.
〈have been to+장소〉는 '~에 갔다 온 적이 있다'의 뜻이고, 〈have gone to+장소〉는 '~에 가 버렸다. (그래서 현재 여기에 없다)'의 뜻이에요.
ex) He has been to Hawaii. 그는 하와이에 갔다 온 적이 있다. (현재 여기 있음.)
He has gone to Hawaii. 그는 하와이에 가 버렸다. (그래서 현재 하와이에 있고, 여기에 없다.)

해석하고 따라 쓰기

눈으로만 보면 안 돼요. 우리말 해석을 쓰고 영어 문장을 따라 쓰세요.

1   Are you here on vacation?

▶ here(여기에)와 there(저기에)는 그 자체가 장소 부사이므로 앞에 in 등을 붙이지 않아요.

2   What did you do on your last holiday?

▶ 특정 일 앞에는 on을 써요. ex) on Sunday 일요일에, on my birthday 내 생일에

3   I don't enjoy family gatherings on weekends.

4   I've been to Shanghai for a few days.

▶ for 뒤에 기간이나 시간이 오면 '~ 동안에'의 뜻입니다.

5   Where is the best vacation spot in the world?

▶ best는 '가장 좋은, 최고의'란 뜻의 최상급으로 앞에 the를 붙여 씁니다.

6   I prefer travelling during the holidays.

▶ during 뒤에는 특정 기간이 나와요.
ex> during the summertime(여름 동안에), during Christmas time(크리스마스 기간 동안에)

UNIT 23   113

응용하기

주어진 표현에 어구만 바꿔서 문장을 써 보세요.

듣기 & 말하기

1 Are you here ~? 여기에 ~ 왔어요?

　　　　　　　　　　　　　　　　alone (혼자) / on business (사업차)

2 What did you do ~? ~ 뭐 했어요?

　　　　after work yesterday (어제 일 끝나고) / last weekend (지난 주말에)

3 I don't enjoy ~. 전 ~을 안 좋아해요.

　　　spending time with my dad (아빠와 시간 보내는 것) / a tear-jerker (눈물 콧물 빼는 영화)

4 I've been to ~ for a few days. 저 며칠 ~에 다녀왔어요.

　　　　　　　　　　　　　　　Vancouver (밴쿠버) / Osaka (오사카)

5 Where is the best ~ in the world? 세계 최고의 ~는 어디예요?

　　　　　　　　　　　place to live (살기 좋은 곳) / university (대학)

6 I prefer travelling ~. 전 ~ 여행하는 걸 더 좋아해요.

　　　　　　　　　　　with friends (친구와) / by train (기차로)

확장 응용하기

옆 페이지에 쓴 문장을 다음에 나온 표현에 맞게 다시 쓰세요.

1 Were you here ~? 여기에 ~ 왔었어요?

▶ 현재형 문장에서 과거형 문장으로 바꿉니다. are의 과거형은 were예요.

2 What did you eat ~? ~ 뭐 먹었어요?

▶ do(하다) 대신 eat(먹다)로만 바꾸면 또 새로운 문장이 만들어져요.

3 I haven't enjoyed ~. 전 (과거부터 지금까지) ~을 안 좋아했어요.

▶ ⟨haven't+과거분사⟩는 과거에도 안 했고, 현재에도 안 하는 행동이나 사실을 나타낼 때 써요.

4 Jane's been to ~ for a few days. 제인은 며칠 동안 ~에 갔다 왔어요.

▶ Jane은 3인칭 단수형이므로 have 대신 has를 써야 하며, 's로 축약해서 쓸 수 있어요.

5 Do you know where the best ~ in the world is?
세계 최고의 ~가 어디인지 아세요?

▶ 의문사로 시작하는 의문문이 Do you know ~ 같은 문장 뒤에 놓이는 걸 간접 의문문이라고 해요. 이때는 ⟨의문사+주어+동사⟩의 순서로 놓여요.

6 I want to travel ~. 난 ~ 여행하고 싶어요.

▶ prefer는 선택지 중에서 더 좋아하는 걸 언급하지만 want는 하고 싶은 것을 표현해요. ⟨want+to+동사원형⟩은 '~하고 싶다'의 뜻입니다.

UNIT 23

UNIT 24 방학/휴가 2
Vacation/Holiday 2

미엘린층 만들기 큰소리로 낭독하고 외우면 영어 고속도로(미엘린층)가 생겨요!

I need time to refresh myself.
전 재충전할 시간이 필요해요.

refresh oneself 생기를 되찾다. 재충전하다

Did you have a good vacation?
휴가 잘 보냈어요?

have a vacation 휴가를 보내다

I want to travel alone.
전 혼자 여행 가고 싶어요.

travel 여행하다 alone 혼자서

He took a trip to Norway once.
그는 노르웨이에 한 번 여행 갔었어요.

take a trip to ~로 여행 가다
once 한 번

I'd love to help plan your itinerary.
내가 당신 여행 일정 짜는 걸 도와줄게요.

I'd love to+동사원형 ~하고 싶다
plan ~의 계획 등을 짜다. 세우다
itinerary 여행 일정

The service at the hotel was excellent.
호텔 서비스가 아주 좋았어요.

excellent 아주 좋은

Check It Out! 낭독하기   암송하기

알아두세요.
〈I'd love to+동사원형〉은 '~하고 싶다'라는 소망을 나타내기도 하고, 자진해서 뭔가를 기쁜 마음으로 하겠다는 의지를 표현하기도 해요. 그래서 I'd love to help plan your itinerary.는 자진해서 여행 일정 짜는 걸 도와주겠다는 의미입니다.

해석하고 따라 쓰기

눈으로만 보면 안 돼요. 우리말 해석을 쓰고 영어 문장을 따라 쓰세요.

1 I need time to refresh myself.

▶ 시간(time)은 시간인데 '재충전할 시간'은 time 뒤에 to refresh myself를 써서 표현해요.

2 Did you have a good vacation?

▶ have는 '~을 가지다'의 뜻으로 직역하면 '좋은 휴가를 가졌니?' 즉, '휴가 잘 보냈니?'의 뜻이에요.

3 I want to travel alone.

4 He took a trip to Norway once.

▶ trip은 비교적 짧은 왕복 여행을 가리키고, 셀 수 있어요. 하지만 travel(여행)은 좀 더 광범위한 의미의 여행으로 셀 수 없는 명사랍니다.

5 I'd love to help plan your itinerary.

▶ help는 특이하게 바로 뒤에 동사가 올 수 있어요. 〈help+동사원형 ~〉처럼 말이죠. 이때는 '~하는 걸 도와주다'의 뜻이에요.

6 The service at the hotel was excellent.

UNIT 24

응용하기

주어진 표현에 어구만 바꿔서 문장을 써 보세요.
듣기 & 말하기

1 **I need time to ~.** 난 ~할 시간이 필요해요.

  think (생각하다) / **be alone** (혼자 있다)

2 **Did you have ~?** ~ 보냈어요?/가졌어요?

  good weekends usually (대체적으로 즐거운 주말) / **time to sleep** (잠 잘 시간)

  ▶ have a good sleep: 잘 자다

3 **I want to travel ~.** 난 ~ 여행하고 싶어요.

  the world (세상을) / **abroad** (해외로)

4 **He took a trip to ~ once.** 그는 ~에 한 번 여행 갔었어요.

  Vancouver (밴쿠버) / **the Philippines** (필리핀)

5 **I'd love to help plan ~.** 내가 ~ 계획하는 걸 도와줄게요.

  your wedding (당신 결혼식) / **your trip** (당신의 여행)

6 **~ at the hotel was excellent.** 호텔에서의 ~는 아주 좋았어요.

  The food (음식) / **The atmosphere** (분위기)

확장 응용하기

옆 페이지에 쓴 문장을 다음에 나온 표현에 맞게 다시 쓰세요.

1 I might need time to ~. 난 ~할 시간이 필요할 지도 몰라요.

▶ might는 '~일지도 모른다'로 추측을 나타내는 말이에요. 이 might 뒤에는 항상 동사원형이 옵니다.

2 Do you have ~? ~ 보내요?/가져요?

▶ 과거의 사실을 묻는 것에서 현재의 습관이나 행동을 묻는 것으로 바꿉니다. 이때는 주어 앞에 인칭에 맞게 Do/Does를 쓰면 됩니다.

3 Do you want to travel ~? 당신은 ~ 여행하고 싶어요?

▶ 내가 원하는 것을 말하는 문장에서 상대방에게 원하는 것을 물어보는 문장으로 바꿉니다.
일반동사의 의문문은 〈Do/Does/Did+주어+동사원형 ~?〉 순으로 만듭니다.

4 Didn't you take a trip to ~ once? 당신, ~로 한 번 여행하지 않았나요?

▶ 이미 아는 사실을 재확인하러 물을 때는 〈Didn't+주어+동사원형 ~?〉인 '~하지 않았어요?'가 적합해요.

5 I don't want to help plan ~. 나, ~ 계획하는 거, 도와주고 싶지 않아요.

▶ 〈want to+동사원형〉은 '~하고 싶다'이고 부정형인 〈don't want to+동사원형〉은 '~하고 싶지 않다'의 뜻이에요.

6 Was ~ at the hotel excellent? 호텔에서의 ~는 아주 좋았어요?

▶ be동사의 과거형 문장을 의문문으로 바꿉니다. 이때는 be동사와 주어의 위치를 바꾸기만 하면 됩니다.

UNIT 24

UNIT 25 방학/휴가 3
Vacation/Holiday 3

미엘린층 만들기 큰소리로 낭독하고 외우면 영어 고속도로(미엘린층)가 생겨요!

I need to take a rest.
전 좀 쉬어야 해요.

need to + 동사원형 ~해야 하다
take a rest (장시간) 쉬다

It doesn't feel like Christmas.
크리스마스 같지가 않아요.

feel like ~처럼 느껴지다

The trip was not that great.
여행은 별로였어요.

not that 그다지 ~ 아닌

I wish it could be Christmas every day.
매일 크리스마스였으면 좋겠어요.

wish (불가능한 것을) 바라다
every day 매일

I totally relax on vacation.
전 휴가 중에는 정말 푹 쉬어요.

totally 완전히   relax 편히 쉬다
on vacation 휴가 중에(는)

I am excited about going on holiday.
휴가를 간다니 흥분되네요.

be excited about
~에 대해 흥분되다
go on holiday 휴가를 가다

Check It Out!   낭독하기 ☐☐☐☐ ☐☐☐☐
암송하기 ☐☐☐☐ ☐☐☐☐

알아두세요.
〈I wish 주어+could+동사원형 ~〉은 '(나는) ~가 …이면 좋겠다'라고 현실적으로 불가능한 일을 소망할 때 쓰는 표현입니다. 아예 통째로 외워 두면 편해요.

해석하고 따라 쓰기 눈으로만 보면 안 돼요. 우리말 해석을 쓰고 영어 문장을 따라 쓰세요.

1 I need to take a rest.

▶ take a rest는 장시간 휴식을 취하는 것이고 take a break는 막간을 이용해 잠시 쉬는 것이에요.

2 It doesn't feel like Christmas.

▶ ⟨It doesn't feel like+명사⟩는 '~ 같은 느낌이 안 들다'예요. 이때 it은 아무 뜻 없이 쓰이는 비인칭주어입니다.

6 The trip was not that great.

▶ 여기서 that은 '저것'이 아니라 '그렇게, 그다지'의 의미입니다.

4 I wish it could be Christmas every day.

5 I totally relax on vacation.

▶ totally는 '전적으로' 혹은 '완전히'란 뜻으로 뒤에 나오는 동사나 형용사의 정도를 나타내요.

6 I am excited about going on holiday.

▶ be excited about(~에 대해 흥분되다) 다음에는 명사 또는 ⟨동사-ing⟩가 나와요.

응용하기

주어진 표현에 어구만 바꿔서 문장을 써 보세요.
듣기 & 말하기

1 **I need to ~.** 전 ~해야 해요.
    talk to you (너에게 말하다) / buy a new laptop (노트북을 새로 사다)

2 **It doesn't feel like ~.** ~ 같은 느낌이 안 나요.
    home (집) / we're dating (우리가 데이트 중이다)

3 **The trip was not that ~.** 여행은 그다지 ~하지 않았어요.
    bad (나쁜) / exciting (흥미진진한)

4 **I wish ~ could ~.** ~가 ~였으면 좋겠어요.
    I, be there (내가/거기에 있다) / you, come (당신이/오다)

5 **I totally relax ~.** 난 ~ 푹 쉬어요.
    here (여기에서) / in nature (자연 속에서)

6 **I am excited about ~.** ~한다니 흥분되네요.
    going there (거기에 가는 것) / meeting her (그녀를 만나는 것)

확장 응용하기

옆 페이지에 쓴 문장을 다음에 나온 표현에 맞게 다시 쓰세요.

1 **Does she** need to ~? 그녀는 ~해야 해요?

▶ 내가 해야 하는 걸 말하는 문장에게 3인칭인 그녀가 ~해야 하는지 확인하며 물어보는 문장으로 바꿉니다.
3인칭 단수 현재 의문문이므로 주어 앞에 Does를 쓰고 뒤에 동사원형이 오는 것에 주의하세요.

2 It **didn't** feel like ~. ~ 같은 느낌이 안 났어요.

▶ feel like의 과거 부정은 didn't feel like(~ 같은 느낌이 안 났다)예요.

3 The trip **wasn't** ~. 여행은 ~하지 않았어요.

▶ was not은 줄여서 wasn't로 사용할 수 있어요.

4 I wish ~ could be ~. ~가 ~이면 좋겠어요.

▶ 이 문장은 이대로 중요한 문장이므로 한번 더 써 보세요.

5 I **just** totally relax ~. ~ 전 그냥 푹 쉬어요.

▶ totally 앞에 다른 부사 just(그저)를 붙이면 totally의 어감을 좀 더 강조해 줄 수 있어요.

6 I **am not that** excited ~. ~하는 게 그렇게까지 흥분되지는 않아요.

▶ not을 쓰면 긍정문에서 부정문이 되는데, not 뒤에 온 that은 '그렇게까지'의 뜻으로 not that은 '그렇게까지 ~이지는 않다'의 뜻을 나타내요.

UNIT 25

REVIEW UNIT 21-25

확인학습 다음 우리말 문장을 영어로 쓰세요.

1 야근하세요?

   ▶ _____

2 그는 퇴근 후에 한잔했어요.

   ▶ _____

3 여기에 휴가 차 왔어요?

   ▶ _____

4 전 재충전할 시간이 필요해요.

   ▶ _____

5 전 좀 쉬어야 해요.

   ▶ _____

6 크리스마스 같지가 않아요.

   ▶ _____

7 전 주말에 가족 모임을 썩 안 즐겨요.

   ▶ _____

8 휴가 잘 보냈어요?

   ▶ _____

9 전 이유도 없이 해고당했어요.

   ▶ _____

10 그는 출장 차 자리 비운 상태예요.

   ▶ _____

11 저 어젯밤에 당직이었어요.
▸ _____

12 그는 다른 회사로 옮겨요.
▸ _____

13 저 며칠 상해에 다녀왔어요.
▸ _____

14 그는 노르웨이에 한 번 여행 갔었어요.
▸ _____

15 매일 크리스마스였으면 좋겠어요.
▸ _____

16 휴가를 간다니 흥분되네요.
▸ _____

17 내가 당신 여행 일정 짜는 걸 도와줄게요.
▸ _____

18 전 휴일에 (다른 것보다) 여행하는 걸 더 좋아해요.
▸ _____

19 그는 시카고로 전근갔어요.
▸ _____

20 회사에서 휴대전화 요금 내줘요?
▸ _____

UNIT 26 건강, 질병, 증상 1
Health, Disease & Symptom 1

미엘린층 만들기 큰소리로 낭독하고 외우면 영어 고속도로(미엘린층)가 생겨요!

I am in good health.
전 건강해요.

in good health 건강한
be in good health 건강하다

Are you under the weather?
컨디션이 안 좋아요?

under the weather
컨디션이 안 좋은

I am fit but my stomach sticks out.
전 건강하기는 한데 배가 나왔어요.

fit 건강한
stick out ~가 볼록 튀어나오다

I am slim but I have high cholesterol.
전 날씬한데 콜레스테롤 수치가 높아요.

slim 날씬한
cholesterol 콜레스테롤 (수치)

You need to see a doctor.
진찰을 받아 보셔야겠어요.

need to+동사원형 ~해야 한다
see a doctor 진찰받다

Be careful not to catch a cold.
감기 안 걸리게 조심하세요.

be careful 조심하다
catch a cold 감기에 걸리다

Check It Out!
낭독하기 ☐☐☐☐☐☐☐☐☐☐
암송하기 ☐☐☐☐☐☐☐☐☐☐

알아두세요.

1. in good health는 '건강한'이고, under the weather는 '컨디션이 안 좋은'이에요. 하지만 이것들 앞에 be동사가 붙어 be in good health가 되면 '건강하다', be under the weather가 되면 '컨디션이 안 좋다'의 뜻이 됩니다.
2. Be careful! 이렇게 말하면 '조심해!'라고 명령하는 거예요. 그런데 무엇 때문에 조심하라고 명령하는지 밝힐 때는 뒤에 〈to+동사원형〉을 넣어서 '~하게'를 표현합니다.

해석하고 따라 쓰기 눈으로만 보면 안 돼요. 우리말 해석을 쓰고 영어 문장을 따라 쓰세요.

1 I am in good health.

▶ good 대신 bad를 쓰면 '건강이 안 좋아요'의 뜻이에요.

2 Are you under the weather?

▶ under에는 '~의 안 좋은 영향을 받아'란 뜻이 있어요. 이 표현은 날씨의 안 좋은 영향을 받아 컨디션이 안 좋다고 기억해 두자구요.

3 I am fit but my stomach sticks out.

▶ but을 사이에 두고 I am fit과 my stomach sticks out이 연결돼 있어요. 첫 번째 문장의 주어는 I, 두 번째 문장의 주어는 my stomach이에요. 그래서 3인칭 단수라서 stick이 아니라 -s가 붙은 sticks가 되었어요.

4 I am slim but I have high cholesterol.

▶ cholesterol(콜레스테롤)은 수치의 높고 낮음을 high, low로 표현해요.

5 You need to see a doctor.

▶ see a doctor는 직역하면 '의사를 만나다'이지만 통상적으로 '진찰을 받다'란 뜻으로 의역되어요.

6 Be careful not to catch a cold.

▶ 여기서 to catch a cold는 '감기에 걸리게'예요. 하지만 앞에 not을 쓰면 '감기에 안 걸리게'의 뜻이 돼요.

응용하기

주어진 표현에 어구만 바꿔서 문장을 써 보세요.

듣기 & 말하기 ☐☐☐☐☐ ☐☐☐☐☐

1 I am in good ~. 난 ~가 좋아요.

shape (몸 상태) / condition (컨디션)

2 Are you under ~? ~를 받아요?

pressure (압박) / stress (스트레스)

3 I am fit but ~. 난 건강하지만 ~해요.

my face looks pale (얼굴이 창백해 보이다) / my skin is rough (피부가 거칠다)

4 I am slim but I ~. 난 날씬하지만 ~해요.

have big thighs (허벅지가 두꺼워요) / have a potbelly (배가 볼록 나오다)

5 You need to see a ~. ~를 만나 봐야겠어요.

specialist (전문의) / therapist (치료사)

6 Be careful not to ~. ~하지 않도록 조심해요.

slip (미끄러지다) / burn yourself (데다)

확장 응용하기

옆 페이지에 쓴 문장을 다음에 나온 표현에 맞게 다시 쓰세요.

1 I am not in good ~. 난 ~가 안 좋아요.

▶ be동사 뒤에 not을 넣으면 부정문으로 만들 수 있어요.

2 Have you been under ~? (과거부터 지금까지) 계속 ~인가요?

▶ 〈have+과거분사〉는 과거부터 지금까지 계속되는 상태를 말해요. 이것을 의문문으로 만들 때는 〈Have+주어+과거분사 ~?〉로 표현하면 됩니다.

3 I was fit but ~. 난 건강했지만 ~했어요.

▶ 현재시제 문장을 과거시제 문장으로 바꾸는 거예요. am/is의 과거형은 was, look의 과거형은 looked입니다.

4 She is slim but she ~. 그녀는 날씬하지만 ~해요.

▶ 주어가 3인칭 단수형으로 바뀌므로 동사도 그에 맞춰 바꿔 줍니다. 그래서 am은 is로, have는 has가 되죠.

5 You should see a ~. 당신은 만나는 게 좋겠어요.

▶ need to 대신 should를 넣으면 '그렇게 하는 게 좋겠다'고 권유 또는 충고하는 느낌이에요.

6 You should be careful not to ~. 당신, ~하지 않게 조심하는 게 좋겠어요.

▶ 명령문은 앞에 주어와 조동사 should가 생략된 형태라고 보면 돼요.

UNIT 26

UNIT 27 건강, 질병, 증상 2
Health, Disease & Symptom 2

미옐린층 만들기 큰소리로 낭독하고 외우면 영어 고속도로(미옐린층)가 생겨요!

I have a high fever now.
저 지금 열이 많이 나요.

a high fever 고열
have a high fever 열이 많이 나다

My mom was sick in bed.
엄마가 앓아 누우셨었어요.

sick in bed 앓아 누운
be sick in bed 앓아 눕다

I have a runny nose.
콧물이 나요.

a runny nose 흐르는 콧물
have a runny nose 콧물이 나다

I had a sore stomach and diarrhea.
속이 쓰리고 설사를 했어요.

a sore stomach 위염, 속쓰림
diarrhea 설사

I am struggling with insomnia.
전 불면증에 시달리고 있어요.

struggle with (병에) 시달리다
insomnia 불면증

He died of lung cancer.
그는 폐암으로 죽었어요.

die of ~로 죽다
lung cancer 폐암

Check It Out! 낭독하기 ☐☐☐☐☐ ☐☐☐☐☐
암송하기 ☐☐☐☐☐ ☐☐☐☐☐

알아두세요.
우리말의 '병에 걸리고, 설사하고, 콧물이 나고 열이 나는' 게 영어로는 거의 have 하나면 뜻이 통해요. 아픈 증상 역시 자신에게 속한 것으로 보기 때문에 have 뒤에 증상을 써서 표현합니다.

해석하고 따라 쓰기 눈으로만 보면 안 돼요. 우리말 해석을 쓰고 영어 문장을 따라 쓰세요.

1 I have a high fever now.

▶ 원어민들은 열(fever)도 셀 수 있는 것으로 보기 때문에 앞에다 a를 써 준답니다.

2 My mom was sick in bed.

▶ sick in bed는 말 그대로 '아파서 침대 속에 누워 있는' 즉, '앓아 누운'이란 뜻이에요.

3 I have a runny nose.

▶ runny 대신 stuffy를 써서 I have a stuffy nose.가 되면 '코가 막혀요'의 뜻이에요.

4 I had a sore stomach and diarrhea.

▶ 영어에서 stomach은 셀 수 있는 단어라서 a가 붙고, diarrhea는 셀 수 없는 단어라서 a를 붙이지 않아요. 이건 그냥 '그렇구나'하고 외우고 가면 돼요.

5 I am struggling with insomnia.

▶ struggle with는 원래 '~로 고심하다'인데, 뒤에 증상 등이 오면 '~에 시달리다'의 뜻이에요. 늘 그런 게 아니고 요즘에 그런 거라서 현재 진행 시제로 표현했습니다.

6 He died of lung cancer.

UNIT 27

응용하기

주어진 표현에 어구만 바꿔서 문장을 써 보세요.

듣기 & 말하기

1. **I have ~ now.** 저 지금 ~가 있어요. (= 전 ~가 아파요/~에 걸렸어요.)
   a stomach ache (위통) / flu (독감)

2. **My mom was sick in bed ~.** 엄마가 ~ 앓아 누우셨었어요.
   with asthma (천식으로) / with worry (걱정으로)

3. **I have ~.** 난 ~가 있어요.
   pain in my joint (관절에 통증) / a migraine (편두통)

4. **I had a sore stomach and ~.** 속이 쓰리고 ~였어요.
   sore throat (따끔거리고 아픈 목) / nausea (메스꺼움)

5. **I am struggling with ~.** 난 ~에 시달리고 있어요.
   chronic fatigue (만성 피로) / depression (우울증)

6. **He died of ~.** 그는 ~로 죽었어요.
   stomach cancer (위암) / liver cancer (간암)

확장 응용하기

옆 페이지에 쓴 문장을 다음에 나온 표현에 맞게 다시 쓰세요.

1 Does she have ~ now? 그녀는 지금 ~가 있나요? (아픈가요/걸렸나요?)

▶ 내 현재 상태를 설명하는 문장에서 제3자의 현재 상태를 물어보는 문장으로 바꿉니다.
일반동사 3인칭 현재 단수형 문장을 의문문으로 만들 때는 주어 앞에 Does를 놓고 주어 뒤의 동사는 원형을 쓰면 돼요.

2 My mom has been sick in bed ~. 엄마가 ~ (예전부터 계속) 앓아 누우셨어요.

▶ 과거부터 현재까지 지속된 행위나 상태는 〈have/has+과거분사〉로 표현합니다.

3 My son has ~. 내 아들은 ~가 있어요.

▶ 주어가 3인칭 단수일 때 have는 has로 바뀌어야 해요. 더불어 my를 his로 바꾸는 센스도 잊지 마세요.

4 I have had a sore stomach and ~. 나는 (예전부터 지금까지) 속이 쓰리고 ~였어요.

▶ 단순히 과거의 사실만을 나타내는 문장에서 과거에서 현재까지 계속 되는 상황을 나타내는 문장으로 바꿔 씁니다.
이때는 〈have+과거분사〉를 쓰는데, have의 과거분사는 had여서 have had가 된 거예요.

5 I was struggling ~. 나는 ~에 시달리고 있었어요.

▶ 과거의 어느 시점에서 진행 중이던 일을 말할 때는 〈be동사의 과거형+동사-ing〉를 씁니다.

6 He might die of ~. 그는 ~로 죽을지도 몰라요.

▶ 확실하지 않은 추측을 할 때는 might나 may를 써요. 바로 뒤에 동사원형을 씁니다.

UNIT 27

UNIT 28 건강, 질병, 증상 3
Health, Disease & Symptom 3

미옐린층 만들기 큰소리로 낭독하고 외우면 영어 고속도로(미옐린층)가 생겨요!

I go for a medical check-up regularly.
전 정기적으로 검진 받으러 가요.

go for ~하러 가다
medical check-up 검진
regularly 정기적으로

I am in a good mood.
기분이 좋아요.

in a good mood 기분이 좋은
be in a good mood 기분이 좋다

Nowadays I have been depressed.
요즘에 저 (계속) 우울한 상태예요.

nowadays 요즘
depressed 우울한
be depressed 우울하다

He suffers from fatigue.
그는 피로를 겪고 있어요. (= 그는 피곤해 해요.)

suffer from ~를 겪다. (병 등을) 앓다
fatigue 피로

I have a severe headache.
전 두통이 심해요.

severe 심각한　headache 두통
have a headache 두통이 있다

He recovered from stroke.
그는 뇌졸중에서 회복했어요.

recover from ~로부터 회복하다
stroke 뇌졸중

Check It Out!　낭독하기 ☐☐☐☐☐☐☐☐☐☐
　　　　　　　　　암송하기 ☐☐☐☐☐☐☐☐☐☐

알아두세요.
1. 영어 문장에서 현재시제로 쓰인 건 말하는 순간에만 그렇다는 게 아니라 평소에도 그렇다는 것을 의미해요.
2. 과거시제로 쓰인 건 과거에 그랬다는, 딱 팩트만 전하고 말아요. 그 뒤에 어떻게 됐는지는 상관없어요.
3. 〈have+과거분사〉는 과거에 시작된 일이 현재까지도 영향을 미쳐 지속된다는 상태를 나타내요.

해석하고 따라 쓰기

눈으로만 보면 안 돼요. 우리말 해석을 쓰고 영어 문장을 따라 쓰세요.

1 I go for a medical check-up regularly.

▶ go for는 '~하러 가다'로 목적을 나타내요. 뒤에는 행위를 나타내는 명사 표현이 나옵니다.

2 I am in a good mood.

▶ 반대로 기분이 나쁘면 good 대신 bad를 써서 in a bad mood(기분이 안 좋은)으로 표현해요.

3 Nowadays I have been depressed.

▶ depress는 '우울하게 하다'고요, depressed는 '(어떤 요인들로 인해) 우울한, 우울해진'의 뜻이에요.

4 He suffers from fatigue.

▶ suffer from은 '~를 겪다, ~을 앓다'예요. from 뒤에는 문제점이나 질병 등이 제시됩니다.

5 I have a severe headache.

▶ severe는 병의 상태나 정도가 심각할 때 '심한'의 뜻으로 써요. 반대로 '경미한'은 mild입니다.

6 He recovered from stroke.

▶ recover from(~로부터 회복하다) 다음에는 사건이나 질병 등을 가리키는 단어가 와요.

응용하기

주어진 표현에 어구만 바꿔서 문장을 써 보세요.

듣기 & 말하기

1 I go for a medical check-up ~. 전 ~ 검진을 받으러 가요.

once a year (일년에 한 번) / annually (매년마다)

2 I am in a ~. ~한 상태예요.

bad mood (나쁜 기분) / hurry (서두름)

▶ in a hurry 서두르는

3 Nowadays I have been ~. 요즘에 저 (계속) ~한 상태예요.

so busy (매우 바쁜) / so tired (매우 피곤한)

4 He suffers from ~. 그는 ~를 겪고/앓고 있어요.

anxiety (분노) / depression (우울증)

5 I have a severe ~. 전 ~가 심해요.

cold (감기) / toothache (치통)

6 He recovered from ~. 그는 ~에서 회복했어요.

injury (부상) / the shock (충격)

확장 응용하기

옆 페이지에 쓴 문장을 다음에 나온 표현에 맞게 다시 쓰세요.

1 **He goes** for a medical check-up ~.   그는 ~ 검진을 받으러 가요.

▶ 일반동사 go는 주어가 3인칭 단수일 때 goes로 바뀌어요.

2 **She was** in a ~.   그녀는 ~한 상태였어요.

▶ 나의 현재 상황을 말하는 문장에서 제3자의 과거 상황을 말하는 문장으로 바꿉니다. 주어가 3인칭 단수이고, 과거형일 때 be동사는 was를 씁니다.

3 **Nowadays she has been** ~.   요즘에 그녀는 (계속) ~한 상태예요.

▶ 주어가 3인칭 단수로 바뀌면 〈have+과거분사〉 형태가 〈has+과거분사〉 형태로 바뀌어요.

4 **Does he suffer from** ~?   그는 ~를 겪고/앓고 있나요?

▶ 상태를 설명하는 문장에서 물어보는 문장으로 바꿔야 해요. 주어가 3인칭이고 현재일 때는 주어 앞에 Does를 놓습니다. 이때 주어 뒤의 동사는 동사원형이 된다는 것, 꼭 기억하세요.

5 **I have had** a severe ~.   전 (예전부터 지금까지) ~가 심해요.

▶ 현재 상태를 설명할 땐 have를 쓰지만 과거 시점부터 현재까지 지속된 상태를 설명할 땐 〈have+과거분사〉를 사용해요. have의 과거분사가 had라는 것, 이제는 외우셨죠?

6 **He is recovering from** ~.   그는 ~로부터 회복 중이에요.

▶ 말하는 현재에 진행 중인 상태를 설명할 땐 〈be동사 현재형+동사-ing〉으로 표현합니다.

UNIT 28

UNIT 29 운동과 스포츠 1
Exercise & Sports 1

미엘린층 만들기 큰소리로 낭독하고 외우면 영어 고속도로(미엘린층)가 생겨요!

How often do you exercise?
얼마나 자주 운동해요?

- how often 얼마나 자주
- exercise 운동하다

I don't feel like working out.
운동할 기분이 아니에요.

- feel like ~할 기분이 들다
- work out 운동하다

Do you go to the gym every day?
헬스클럽에 매일 가요?

- gym 체육관, 헬스클럽
- every day 매일

I lift weights to build muscle.
저는 근육 만들려고 역기 들어요.

- lift weights 역기를 들다
- build muscle 근육을 만들다

Aerobic exercise is good for your heart.
유산소 운동이 심장에 좋아요.

- aerobic exercise 유산소 운동
- be good for ~에 좋다
- heart 심장

I take a walk every morning.
전 매일 아침에 산책해요.

- take a walk 산책하다
- every morning 매일 아침

Check It Out! 낭독하기 ☐☐☐ ☐☐☐
암송하기 ☐☐☐ ☐☐☐

알아두세요.
흔히 '에어로빅'이라고 하는 건 정확하게는 '에어로빅스(Aerobics)'라고 해야 해요. -s가 빠진 aerobic은 '유산소의'의 뜻이랍니다.

해석하고 따라 쓰기

눈으로만 보면 안 돼요. 우리말 해석을 쓰고 영어 문장을 따라 쓰세요.

1 How often do you exercise?

▶ how often은 '빈도'를 묻는 표현이에요. once a week(일주일에 한 번), every day(매일)처럼 대답해야 해요.

2 I don't feel like working out.

▶ feel like는 '~할 기분이 들다'란 뜻으로 like 다음에는 명사나 〈동사-ing〉 형태가 와요.

3 Do you go to the gym every day?

▶ gym은 gymnasium의 약자로 '체육관' 혹은 '헬스클럽'을 가리켜요.

4 I lift weights to build muscle.

▶ 영어에서 〈to+동사원형〉은 여러 뜻이 있지만, '~하기 위해서'라는 의미로 정말 많이 씁니다.

5 Aerobic exercise is good for your heart.

▶ 유산소 운동이 심장에 좋다는 건 일반 사람들에게도 해당하는 내용이죠? 그래서 your는 '너의'가 아니라 '일반 대중들의'의 뜻도 있습니다.

6 I take a walk every morning.

▶ walk는 동사로는 '걷다'이고, 명사로는 '산책, 걷기'의 뜻이에요.

UNIT 29

응용하기

주어진 표현에 어구만 바꿔서 문장을 써 보세요.
듣기 & 말하기

1 How often do you ~? 얼마나 자주 ~해요?
   play golf (골프 치다) / get a haircut (머리를 자르다)

2 I don't feel like ~. ~할 기분이 아니에요.
   drinking beer (맥주를 마실) / eating out (외식할)

3 Do you go to ~ every day? ~에 매일 가세요?
   the library (도서관) / the cafe (카페)

4 I ~ to build muscle. 난 근육을 만들려고 ~해요.
   run for 30 minutes every day (매일 30분 뛰다) / eat lots of protein (단백질을 많이 먹다)

5 ~ is good for your heart. ~는 심장에 좋아요.
   Drinking coffee (커피 마시는 것) / Red wine (적포도주)

6 I take a ~ every morning. 전 매일 아침 ~를 해요.
   shower (샤워) / bath (목욕)

확장 응용하기

옆 페이지에 쓴 문장을 다음에 나온 표현에 맞게 다시 쓰세요.

1 How many times a month do you ~? 한 달에 몇 번 ~해요?

▶ How often은 How many times로 바꿔 물을 수 있고요, a month는 '한 달에'의 뜻이에요.

2 I feel like ~. ~할 기분이 나네요.

▶ don't가 빠진 긍정문으로 바꿉니다.

3 Did you go to ~ every day? 매일 ~에 갔어요?

▶ 과거 사실에 대해 물을 때는 Did를 주어 앞에 쓰면 돼요. 이때 주어 뒤의 동사는 항상 동사원형이에요.

4 I ~ to build muscle. 난 근육을 만들려고 ~해요.

▶ 이 자체로 중요한 문장이라서 한 번 더 쓰고 훈련해 보세요.

5 ~ is good for your heart. ~는 심장에 좋아요.

▶ 역시 이 자체로 중요한 문장이라서 한 번 더 쓰고 훈련해 보세요.

6 I took a ~ every morning. 전 매일 아침 ~를 했어요.

▶ take의 과거형은 took이랍니다.

UNIT 29

UNIT 30 운동과 스포츠 2
Exercise & Sports 2

미엘린층 만들기 큰소리로 낭독하고 외우면 영어 고속도로(미엘린층)가 생겨요!

Riding a bicycle is good for your knees.
자전거 타는 게 무릎에 좋아요.

ride a bicycle 자전거를 타다
knee 무릎

I am going bowling.
저 볼링 치러 가는 중이에요.

go bowling 볼링 치러 가다

We hiked for hours, laughing all the way.
우리는 내내 웃으면서 몇 시간 동안 하이킹을 했어요.

hike 하이킹하다
for hours 몇 시간씩
all the way 내내

Yoga is effective for back pain.
요가가 요통에 효과가 있어요.

effective 효과적인, 효과가 있는
back pain 요통

After an intense workout, I feel very good.
격렬한 운동 후엔, 기분이 아주 좋아요.

intense 격렬한
workout 운동
feel good 기분이 좋다

I am heading to the gym.
전 헬스클럽에 가는 중이에요.

head to ~를 향해 가다

Check It Out! 낭독하기 ☐☐☐☐ ☐☐☐☐
            암송하기 ☐☐☐☐ ☐☐☐☐

알아두세요.
영어 문장을 읽다 보면 문장 중간에서 쉼표(,) 뒤에 〈동사-ing ~〉 표현이 나오거나, 문장 맨 앞에 〈동사-ing ~〉 표현이 나오고 쉼표(,)가 나오는 경우가 있어요. 이때는 어렵게 생각하지 말고, '~하는 동안, ~하면서, ~한다면, ~이기 때문에, 그리고 ~하다' 중 하나로 해석해 보세요. 그럼 문맥에 맞는 표현이 걸릴 거예요.
ex〉 He always eats an apple, watching TV. 그는 TV를 보면서 항상 사과를 먹어요.

해석하고 따라 쓰기 눈으로만 보면 안 돼요. 우리말 해석을 쓰고 영어 문장을 따라 쓰세요.

1 Riding a bicycle is good for your knees.

▶ 여기서 is가 동사입니다. 그렇다면 Riding a bicycle이 주어겠죠? 이렇게 〈동사-ing ~〉는 문장의 주어로도 쓰일 수 있습니다.

2 I am going bowling.

▶ 〈go+동사-ing〉는 '~하러 가다'란 뜻이에요. ex〉 go fishing 낚시하러 가다

3 We hiked for hours, laughing all the way.

▶ 여기서 laughing all the way는 '내내 웃으면서'로 해석하는 게 가장 자연스러워요.

4 Yoga is effective for back pain.

▶ be effective for는 '~에 효과적이다'란 뜻이에요.

5 After an intense workout, I feel very good.

▶ feel 다음에 감정 상태를 설명하는 말이 오면 '그런 상태가 되다, 그런 상태를 느끼다'의 뜻이에요.

6 I am heading to gym.

▶ head to는 '~로 향해 가다'라는 뜻으로 go(가다)와 달리 방향성을 강조합니다.

UNIT 30

응용하기

주어진 표현에 어구만 바꿔서 문장을 써 보세요.

듣기 & 말하기

1 Riding a bicycle is ~. 자전거를 타는 것은 ~예요.
   dangerous (위험한) / **a good way to work out** (운동하는 좋은 방법)

2 I am going ~. ~하러 가는 중이에요.
   mountain climbing (등산) / **swimming** (수영)

3 We hiked for hours, ~ 우리는 ~ 몇 시간 동안 하이킹을 했어요.
   talking and laughing (얘기하고 웃으면서) / **enjoying nature** (자연을 즐기며)

4 ~ is effective for back pain. ~가 요통에 효과적이에요.
   Massage (마사지) / **The medication** (그 약물)

5 After an intensive workout, I ~. 격렬한 운동 후엔, 전 ~해요.
   am so hungry (매우 배고프다) / **feel great** (기분이 매우 좋다)

6 I am heading to ~. 난 ~에 가는 중이에요.
   the accident scene (사고 현장) / **his office** (그의 사무실)

확장 응용하기

옆 페이지에 쓴 문장을 다음에 나온 표현에 맞게 다시 쓰세요.

1   A bicycle ride is ~. 자전거 타기는 ~예요.

▶ Riding a bicycle은 A bicycle ride로 바꿔 표현할 수 있어요. 이때의 ride는 '타기'의 뜻이에요.

2   I went ~. 난 ~하러 갔어요.

▶ 말하고 있는 현재 진행 중인 사실을 말하는 문장에서 과거에 발생한 사실을 말하는 문장으로 바꿉니다. go의 과거형은 went예요.

3   We have hiked for hours ~. 우리는 ~하며 몇 시간 동안 하이킹해 왔어요.

▶ 단순한 과거 사실 언급에서 과거에서 현재까지 계속되고 있는 사항을 표현하는 문장으로 바꿉니다.

4   They say ~ is effective for back pain. 사람들이 그러는데, ~가 요통에 효과적이래요.

▶ They say를 문장 앞에 놓으면 사람들이 말하는 것을 전하는 느낌을 줘요. 그래서 '사람들이 그러는데 ~래요'로 해석하면 돼요.

5   After an intensive workout, I+과거시제 ~. 격렬한 운동 후엔, 전 ~했어요.

▶ am의 과거형은 was, feel의 과거형은 felt입니다.

6   I was heading to ~. 나는 ~에 가는 중이었어요.

▶ 과거의 어느 시점에서 진행되고 있던 사실을 언급할 때엔 주어에 따라 〈was/were-ing〉로 표현해요.

UNIT 30

확인학습 다음 우리말 문장을 영어로 쓰세요.

1 컨디션이 안 좋아요?
   ▸ _____

2 저 지금 열이 많이 나요.
   ▸ _____

3 전 정기적으로 검진 받으러 가요.
   ▸ _____

4 얼마나 자주 운동해요?
   ▸ _____

5 자전거 타는 게 무릎에 좋아요.
   ▸ _____

6 요가가 요통에 효과가 있어요.
   ▸ _____

7 운동할 기분이 아니에요.
   ▸ _____

8 요즘에 저 (계속) 우울한 상태예요.
   ▸ _____

9 엄마가 앓아 누우셨었어요.
   ▸ _____

10 전 건강하기는 한데 배가 나왔어요.
   ▸ _____

11 전 날씬한데 콜레스테롤 수치가 높아요.

    ▶ _____

12 속이 쓰리고 설사를 했어요.

    ▶ _____

13 그는 피로를 겪고 있어요. (= 그는 피곤해 해요.)

    ▶ _____

14 저는 근육 만들려고 역기 들어요.

    ▶ _____

15 격렬한 운동 후엔, 기분이 아주 좋아요.

    ▶ _____

16 우리는 내내 웃으면서 몇 시간 동안 하이킹을 했어요.

    ▶ _____

17 유산소 운동이 심장에 좋아요.

    ▶ _____

19 그는 뇌졸중에서 회복했어요.

    ▶ _____

19 그는 폐암으로 죽었어요.

    ▶ _____

20 감기 안 걸리게 조심하세요.

    ▶ _____

UNIT 31 운동과 스포츠 3
Exercise & Sports 3

미엘린층 만들기 큰소리로 낭독하고 외우면 영어 고속도로(미엘린층)가 생겨요!

He plays tennis twice a week.
그는 일주일에 두 번 테니스 쳐요.

play tennis 테니스를 치다
twice a week 일주일에 두 번

Are you a sports enthusiast?
스포츠광이세요?

enthusiast 광, 열렬한 사람

I am a big fan of baseball.
전 야구 광팬이에요.

baseball 야구   fan 팬

Do you prefer playing to watching?
보는 것보다 (경기)하는 걸 더 좋아하세요?

prefer 선호하다
prefer A to B B보다 A를 더 좋아하다

It ended in a tie.
(결국) 동점으로 끝났어요.

end 끝나다   in a tie 동점으로

They lost the game.
그들은 경기에 졌어요.

lose 지다   game 경기

Check It Out!   낭독하기 ☐☐☐☐☐ ☐☐☐☐☐
　　　　　　　　암송하기 ☐☐☐☐☐ ☐☐☐☐☐

알아두세요.
1. **play** 다음에 스포츠 이름이나 게임명을 쓰면 '(해당) 스포츠를 하다, (해당) 게임을 하다'의 뜻이 됩니다.
2. **prefer A to B**는 'A를 B보다 더 좋아하다'의 뜻이에요. A와 B 자리에는 명사나 〈동사-ing〉가 올 수 있어요.
   ex) I prefer English to math. 난 영어를 수학보다 더 좋아해. (A, B 자리에 명사가 왔어요.)
   　　I prefer spending money to earning money. 난 돈 쓰는 게 돈 버는 것보다 더 좋아. (A, B 자리에 동사-ing가 왔어요.)

해석하고 따라 쓰기 눈으로만 보면 안 돼요. 우리말 해석을 쓰고 영어 문장을 따라 쓰세요.

1 He plays tennis twice a week.

▶ once는 '한 번', twice는 '두 번'이에요. 세 번부터는 기수 뒤에 times를 붙이면 돼요.

2 Are you a sports enthusiast?

▶ sport는 '스포츠'라는 뜻이고, sports는 '스포츠의, 스포츠에 관한'이라는 뜻이에요. 차이점 꼭 알아두세요.

3 I am a big fan of baseball.

4 Do you prefer playing to watching?

5 It ended in a tie.

▶ '동점으로'는 in a tie 외에 with a draw도 있어요.

6 They lost the game.

▶ lost는 '지다(lose)'의 과거형이에요. 〈lose+경기, 게임〉은 '경기, 게임에서 지다'의 뜻입니다.

UNIT 31　149

응용하기

주어진 표현에 어구만 바꿔서 문장을 써 보세요.
듣기 & 말하기

1. **He plays ~ twice a week.** 그는 일주일에 두 번 ~를 해요.
   soccer (축구) / basketball (농구)

2. **Are you a ~ enthusiast?** ~광이세요?
   wine (와인) / sports car (스포츠카)

3. **I am a big fan of ~.** 전 ~ 광팬이에요.
   FC Barcelona (FC 바르셀로나) / the Beatles (비틀즈)

4. **Do you prefer ~ to ~?** ~보다 ~를 더 좋아하세요?
   spaghetti, pizza (스파게티, 피자) / walking, driving (걷기, 운전하기)

5. **It ended in a ~.** ~로 끝났어요.
   fight (싸움) / failure (실패)

6. **They ~ the game.** 그들은 경기에 ~했어요.
   won (이겼다) / participated in (~에 참가했다)

확장 응용하기 옆 페이지에 쓴 문장을 다음에 나온 표현에 맞게 다시 쓰세요.

1 **He likes to play** ~ **twice a week.** 그는 일주일에 두 번 ~하는 걸 좋아해요.

▶ 〈like to+동사원형〉은 '~하는 걸 좋아하다'의 뜻이에요. 주어가 3인칭 단수이므로 likes가 됩니다.

2 **I'm not a** ~ **enthusiast.** 난 ~광이 아니에요.

▶ 상대방에게 질문하는 문장에서 내가 어떤지를 설명하는 문장으로 바꿉니다. I am은 I'm으로 축약해 씁니다.

3 **I used to be a big fan of** ~. 난 ~ 광팬이었어요.

▶ 〈used to+동사원형〉은 '~이곤 했다'의 뜻으로 현재에는 더 이상 지속되지 않는 과거 습관을 나타내요.

4 **Did you prefer** ~ **to** ~? ~보다 ~를 더 좋아했어요?

▶ 과거의 사실을 물어볼 때는 주어 앞에 Did만 붙이면 됩니다. 주어 뒤의 동사는 동사원형이 되어야 하죠.

5 **It will end in** ~. ~로 끝날 거예요.

▶ 미래에 ~일 거라고 예측할 때는 will을 써요. 이때, will은 뒤에 오는 동사를 무조건 동사원형으로 바꾸는 강력한 힘이 있어요.

6 **They might + 동사원형** ~ **the game.** 그들은 경기에 ~일지도 몰라요.

▶ 불확실한 근거로 추측의 의견을 낼 때는 〈might+동사원형〉으로 표현합니다.
won의 동사원형은 win, participated의 동사원형은 participate입니다.

UNIT 31

UNIT 32 관계 1
Relationships 1

미엘린층 만들기 큰소리로 낭독하고 외우면 영어 고속도로(미엘린층)가 생겨요!

She is in love with you.
그녀는 당신을 사랑해요.

be in love with ~와 사랑에 빠지다, ~를 사랑하다

He is one of my acquaintances.
그 사람, 그냥 저랑 아는 사이예요.

one of ~ ~ 중의 하나
acquaintance 아는 사이, 지인

I didn't recognize him at first.
저 처음엔 그 사람 몰라봤어요.

recognize 알아보다
at first 처음에(는)

I don't talk to my father.
전 아버지랑 말 안 해요.

talk to+사람 ~와 이야기하다

My neighbor is very noisy.
우리 이웃은 아주 시끄러워요.

neighbor 이웃 사람
noisy 시끄러운

I asked her out for coffee.
전 그녀에게 커피 한잔하자고 데이트 신청했어요.

ask ~ out ~에게 데이트 신청하다
for coffee 커피 한잔하게

Check It Out! 낭독하기 ☐☐☐☐ ☐☐☐☐
암송하기 ☐☐☐☐ ☐☐☐☐

알아두세요.
one of+~는 '~ 중의 하나'라는 뜻이에요. one는 '하나', of는 '~ 가운데서'의 뜻이지요. '~ 중의 하나'는 여러 개 있는 가운데서 하나이므로 ~ 자리에는 대부분 복수형이 옵니다.
ex〉 one of the students: 그 학생들 중 한 명   one of the books: 그 책들 가운데 한 권

해석하고 따라 쓰기

눈으로만 보면 안 돼요. 우리말 해석을 쓰고 영어 문장을 따라 쓰세요.

1 She is in love with you.

▶ be in love with는 '~와 사랑에 빠지다'로 사랑에 빠진 건 사랑한다는 의미죠? with 뒤에 사랑에 빠진 대상을 쓰면 됩니다.

2 He is one of my acquaintances.

▶ acquaintance는 친구보다는 멀고 남보다는 가까운 사이 즉, '지인'를 가리켜요.

3 I didn't recognize him at first.

▶ recognize는 얼굴이나 용모를 보고 이전에 만났던 걸 기억해 냈을 때 쓰는 표현이에요.

4 I don't talk to my father.

▶ 지금 이 순간만 말을 안 하는 게 아니라 평소에도 아버지랑 말을 안 한다는 뜻이에요.

5 My neighbor is very noisy.

▶ neighbor는 '이웃 사람'이고 neighborhood는 '동네'라는 뜻이에요. 구별해서 사용해야 해요.

6 I asked her out for coffee.

UNIT 32

응용하기

주어진 표현에 어구만 바꿔서 문장을 써 보세요.

듣기 & 말하기

1 She is in love with ~. 그녀는 ~를 사랑해요.

her nephew (그녀의 조카) / her boyfriend (그녀의 남자친구)

2 He is one of my ~. 그 사람, 제 ~ 중 하나예요.

best friends (절친들) / colleagues (동료들)

3 I didn't recognize ~ at first. 전 처음에는 ~를 몰라봤어요.

his friend (그의 친구를) / her (그녀를)

4 I don't talk to ~. 전 ~랑 말 안 해요.

anyone (누구) / my parents (부모님)

5 My neighbor is very ~. 우리 이웃은 매우 ~해요.

friendly (친절한) /mean (심술궂은)

6 I asked her out for ~. 난 그녀에게 ~하자고 데이트 신청했어요.

a drink (술 한잔) / lunch (점심)

확장 응용하기

옆 페이지에 쓴 문장을 다음에 나온 표현에 맞게 다시 쓰세요.

1 **I am** in love with **~.** 난 ~를 사랑해요.

▶ 그녀의 상태에서 나의 상태를 말하는 문장으로 바꿉니다. her 역시 my로 바꿔 주는 센스!

2 **He was** one of my **~.** 그 사람, 제 ~ 중 하나였어요.

▶ 과거의 사실을 말하는 문장으로 바꿔야 하므로 is의 과거형 was를 썼어요.

3 **Did you** recognize ~ at first? 당신은 ~를 처음에 알아봤어요?

▶ 상대방에게 과거의 일을 질문할 때는 〈Did you+동사원형 ~?〉의 형태를 사용합니다.

4 **I don't talk to ~** anymore. 전 더 이상 ~와 얘기 안 해요.

▶ not ~ anymore는 '더 이상 ~ 안 하다'의 의미로 anymore를 쓰면 not의 의미를 강조할 수 있어요.

5 **One of my neighbors** is very **~.** 내 이웃 중 한 명은 매우 ~예요.

▶ 〈One of+복수명사〉는 3인칭 단수로 취급해서 현재시제일 때 단수형을 취합니다.

6 **Why don't you ask** her out for **~?** 그녀에게 ~하자고 데이트 신청하는 게 어때요?

▶ 〈Why don't you+동사원형 ~?〉은 '~하는 게 어때요?'라고 제안하는 표현이에요.

UNIT 32

UNIT 33 관계 2
Relationships 2

미엘린층 만들기 큰소리로 낭독하고 외우면 영어 고속도로(미엘린층)가 생겨요!

I broke up with my boyfriend.
저 남자친구랑 헤어졌어요.

break up with ~와 헤어지다

I went on a blind date.
저 소개팅 했어요.

go on a blind date 소개팅에 나가다

I have known him for years.
저 그 사람 몇 년 간 알고 지냈어요.

know+사람 ~를 알고 지내다
for years 몇 년 간

I was dumped by my girlfriend.
저 여자친구한테 차였어요.

be dumped by ~ ~에게 차이다

He was two-timing me.
걔가 저와 양다리를 걸치고 있었더라고요.

two-time ~와 양다리를 걸치다

Friends are better than family.
친구들이 가족보다 더 나아요.

better 더 나은, 더 좋은
than ~보다

Check It Out!
낭독하기 ☐☐☐☐☐ ☐☐☐☐☐
암송하기 ☐☐☐☐☐ ☐☐☐☐☐

알아두세요.
가수 싸이의 '강남스타일'이 한창 유행이었을 때 우리나라 사람들이 외국인을 만나면 이렇게 물었다고 합니다. Do you know Psy?(싸이 알아요?)라고요. 그런데 어떤 사람을 know한다는 것은 그 사람을 개인적으로 알고 지낸다라는 의미예요. 우리가 원래 의미했던 '싸이 알아요?'는 Have you ever heard about Psy?라고 해야 한답니다.

해석하고 따라 쓰기 눈으로만 보면 안 돼요. 우리말 해석을 쓰고 영어 문장을 따라 쓰세요.

1 I broke up with my boyfriend.

▶ broke는 break의 과거형이에요.

2 I went on a blind date.

▶ blind date는 제3자의 소개를 받아서 모르는 두 남녀가 만나서 하는 데이트 즉, 소개팅을 말해요.

3 I have known him for years.

▶ 옛날부터 지금까지 알고 지내는 거니까 〈have+과거분사〉로 표현했어요. known은 know의 과거분사예요.

4 I was dumped by my girlfriend.

▶ 원래 dump는 '~를 버리다'의 뜻인데, 사귀던 관계를 끝내려고 '(애인을) 차다'란 뜻이 있어요. 하지만 찬 게 아니라 차인 걸 표현할 때는 〈be동사+과거분사 dumped+by 행위자〉로 표현합니다.

5 He was two-timing me.

▶ two time으로 쓰지 않도록 주의하세요. 반드시 -을 써서 two-time으로 써야 '양다리를 걸치다'의 뜻이 돼요.

6 Friends are better than family.

▶ good은 '좋은'이고 better는 '더 좋은, 더 나은'으로 비교를 나타내요. 뒤에 〈than+비교 대상〉을 씁니다.

UNIT 33

응용하기

주어진 표현에 어구만 바꿔서 문장을 써 보세요.
듣기 & 말하기

1　I broke up with ~. 저 ~와 헤어졌어요.
someone I loved (내가 사랑했던 사람) / my girlfriend (여자친구)

2　I went on ~. 난 ~을 했어요.
a family visit (가족 방문) / a diet for the second time this year (금년 들어 두 번째 다이어트)

3　I have known him ~. 저 그 사람 ~ 알고 지냈어요.
for three years (3년 동안) / since childhood (어렸을 때부터)

▶ childhood 유년기

4　I was dumped by ~. 저 ~한테 차였어요.
the guy (그 남자) / my ex (내 전 여자친구/남자친구)

5　He was ~ me. 그는 나를 두고/나와 ~하고 있었어요/~였어요.
cheating on (바람 피우는) / in love with (~와 사랑에 빠진)

6　Friends are better than ~. 친구들이 ~보다 더 낫죠.
money (돈) / relatives (친척들)

확장 응용하기

옆 페이지에 쓴 문장을 다음에 나온 표현에 맞게 다시 쓰세요.

1 Do you know that I broke up with ~? 내가 ~랑 헤어진 것 알아요?

_____

▶ 문장 앞에 Do you know that을 붙이면 상대방에게 'that 이하의 사실을 알아요?'라고 묻는 문장이 됩니다.

2 I am going to go on ~. 난 ~할 거예요.

_____

▶ 〈be동사+going to+동사원형 ~〉은 이미 하기로 마음 먹거나 계획된 것을 '할 것이다'의 의미예요.

3 She has known him ~. 그녀는 그를 ~ 알고 지냈어요.

_____

▶ 주어가 나에서 She로 바뀌었어요. 그러면서 〈have+과거분사〉의 have도 has로 바뀐 것에 주의해 주세요.

4 I think I was dumped by ~. 제가 ~한테 차였던 것 같아요.

_____

▶ 문장 앞에 I think를 쓰면 확실치는 않지만 '내 생각은 그렇다' 즉, '~인 것 같다'를 표현합니다. 예전에는 몰랐는데, 지금 생각해 보니까 차인 것 같다는 생각이 든다는 뜻입니다.

5 He is ~ me. 그가 나를 두고/나와 ~하고 있어요.

_____

▶ 과거의 사실이나 과거의 어느 시점에서 일어나던 일을 설명하는 문장이 아니라 현재 지속되고 있는 상태를 말하는 문장으로 바꿉니다. 간단하게 was를 is로만 바꾸면 되네요.

6 It is said that friends are better than ~. 친구가 ~보다 더 낫다고 해요.

_____

▶ It is said that ~ (~라고 한다)를 문장 앞에 놓으면 일반 다수의 의견이나 생각을 전달할 수 있어요.

UNIT 33

UNIT 34 관계 3
Relationships 3

미엘린층 만들기 큰소리로 낭독하고 외우면 영어 고속도로(미엘린층)가 생겨요!

I don't have close friends.
전 친한 친구들이 없어요.

close 친한

Have you ever heard from her?
그녀에게서 연락 받은 적 있어요?

hear from ~로부터 연락을 받다

I got a divorce.
전 이혼했어요.

get a divorce 이혼하다

I am still looking for Miss Right.
전 아직도 이상형을 찾고 있어요.

still 여전히, 아직도
look for ~을 찾다
Miss Right 이상형(여자)

Why are you attracted to him?
왜 그에게 끌리는 거예요?

be attracted to ~에게 끌리다

I have been married for two years.
저 결혼한지 2년 됐어요.

be married 결혼하다

Check It Out! 낭독하기 ☐☐☐☐☐ ☐☐☐☐☐
암송하기 ☐☐☐☐☐ ☐☐☐☐☐

알아두세요.
1. 〈Have you ever+과거분사 ~?〉는 100% '~해 본 적 있어요?'로 과거의 경험을 물어요. 물론 그 과거의 경험이 현재 상태와 관계가 있다는 뉘앙스를 풍기면서 말이죠.
2. 영어에서 look for도 '~을 찾다'고, find도 '~을 찾다'예요. look for는 찾고 있는 과정을 뜻하고요, find는 그렇게 찾는 과정을 거쳐서 찾고 있던 걸 찾은 걸 뜻해요.
3. married는 '결혼한 (상태의)'의 뜻이에요. 〈have+과거분사 ~〉가 '과거의 상태가 현재까지 계속되는 걸 뜻한다고 했죠? 그래서 have been married는 '예전에 결혼해서 지금까지도 결혼한 상태이다'의 뜻이에요.

해석하고 따라 쓰기

눈으로만 보면 안 돼요. 우리말 해석을 쓰고 영어 문장을 따라 쓰세요.

1 I don't have close friends.

▶ close가 '가까운, 친한'의 뜻으로 쓰일 때는 [클로우ㅆ]에 가깝게 발음됩니다.

2 Have you ever heard from her?

▶ hear from은 '~로부터 연락을 받다'이고 hear of는 '~에 대해 들어본 적이 있다'로 의미가 조금 달라요.

3 I got a divorce.

▶ divorce는 '이혼, 이혼하다'로 명사로도 쓰이고, 동사로도 쓰여요. 원어민들은 divorce를 셀 수 있는 것으로 보기 때문에 명사로 쓸 때는 a를 붙입니다.

4 I am still looking for Miss Right.

▶ Miss. Right은 자신에게 맞는 이상형의 여성을 가리켜요. 참고로 이상형인 남성은 Mr. Right이에요.

5 Why are you attracted to him?

▶ 〈주어+be attracted to+사람〉은 '누군가에게 (매력이 있어서) 주어가 끌리다'의 뜻이에요.

6 I have been married for two years.

▶ 이렇게 〈have+과거분사〉는 예전부터 지금까지 계속되는 상태를 나타내므로 기간을 나타내는 표현과 함께 자주 쓰여요.

UNIT 34

응용하기

주어진 표현에 어구만 바꿔서 문장을 써 보세요.

듣기 & 말하기

1 I don't have close ~. 전 친한 ~가 없어요.

neighbors (이웃들) / relatives (친척들)

2 Have you ever heard from ~? ~에게서 연락 받은 적 있어요?

your customer (당신 고객) / your aunt (당신 이모)

3 I got ~. 난 ~했어요/~ 받았어요.

a prize (상) / a lecture from my father (아버지로부터 일장연설)

▶ get a prize: 상을 받다   get a lecture: 일장연설을 듣다

4 I am still looking for ~. 난 여전히 ~를 찾고 있어요.

true love (진실한 사랑) / a roommate (룸메이트)

5 Why are you attracted to ~? 왜 ~에게 끌리나요?

this position (이 직책) / that man (저 남자)

6 I have been married for ~. 저 결혼한지 ~ 됐어요.

a decade (10년) / half a year (반년)

확장 응용하기

옆 페이지에 쓴 문장을 다음에 나온 표현에 맞게 다시 쓰세요.

1 **I do have close ~.** 전 친한 ~가 정말 있다니까요.

▶ 긍정문에서 〈do/does/did〉를 동사원형 앞에 쓰면 동사의 의미를 강조하는 효과가 있어요.

2 **Did you hear from ~?** ~에게서 연락 받았어요?

▶ 단순하게 과거시제로 묻는 문장으로 바꿉니다. 이렇게 과거시제로 물을 때는 현재와는 상관없이 과거 사실만을 묻게 돼요.

3 **Maybe I will get ~.** 아마 전 ~할 거예요/받을 거예요.

▶ Maybe는 '아마도'의 뜻으로 미래의 일을 추측할 때 써요. 확실치는 않지만 그럴지도 모른다는 의미예요.

4 **Are you still looking for ~?** 당신 아직도 ~ 찾고 있어요?

▶ 나의 현재 상태를 설명하는 문장에서 상대방의 현재 상태를 물어보는 문장으로 바꿔요.
be동사가 들어간 문장은 〈Be동사+주어 ~?〉 형태로 의문문을 만듭니다.

5 **Why were you attracted to ~?** 왜 ~에게 끌렸나요?

▶ 과거시제로 만들 때는 are를 were로만 바꿔 주면 됩니다.

6 **We have been married for ~.** 우리는 결혼한지 ~ 됐어요.

▶ 결혼에 대해 언급할 때 부인과 자신, 혹은 남편과 자신을 통틀어 '우리는'이라고 표현할 수 있어요.

UNIT 34

UNIT 35

일상의 루틴 1
Daily Routines 1

미엘린층 만들기 큰소리로 낭독하고 외우면 영어 고속도로(미엘린층)가 생겨요!

What are your daily routines?
매일의 평범한 일상은 뭐예요?

daily routines 매일의 평범한 일상

I usually get up at around six.
전 보통 여섯 시쯤에 일어나요.

usually 보통, 대개
get up (누워 있다) 일어나다
around ~쯤에, ~경에

I take a shower every night.
전 매일 밤 샤워를 해요.

take a shower 샤워하다

I get to work by subway.
전 지하철로 출근해요.

get to work 직장에 가다
by subway 지하철로

After a busy morning, I have a coffee break.
분주한 오전이 지나면 커피를 마시며 잠깐 쉬어요.

have a coffee break 커피를 마시며 쉬다

I seldom have breakfast.
전 아침은 거의 안 먹어요.

seldom 좀처럼 ~ 않는
have breakfast 아침 식사

Check It Out! 낭독하기 ☐☐☐☐☐ ☐☐☐☐☐
암송하기 ☐☐☐☐☐ ☐☐☐☐☐

알아두세요.

1. **daily routines**에서 **daily**는 '매일의'이고, **routine**은 '판에 박힌 일'이란 뜻이에요. 즉, 하루도 빼먹지 않고 늘 하는 일상을 통틀어 말할 때 **daily routines**라고 표현합니다.
2. **usually**(대개), **seldom**(거의 ~ 않는)처럼 횟수나 빈도를 나타내는 말은 영어에서 놓이는 위치가 정해져 있어요. 바로 일반동사 앞에 놓인답니다.
3. **morning**은 원래 셀 수 없는 단어라서 **a**를 붙이지 않아요. 하지만 특이하게도 **busy**처럼 꾸며주는 형용사가 앞에 오면 **a**나 **an**을 쓰기도 한답니다.

해석하고 따라 쓰기 눈으로만 보면 안 돼요. 우리말 해석을 쓰고 영어 문장을 따라 쓰세요.

1 What are your daily routines?

2 I usually get up at around six.

▶ 사람들이 잠에서 깨는 건 wake up이고, 침대에서 뒹굴다 몸을 일으켜 일어나는 건 get up이에요.

3 I take a shower every night.

▶ shower 대신에 bath를 쓴 take a bath는 '목욕하다'예요.

4 I get to work by subway.

▶ 여기서 work는 '일하다'의 뜻이 아니라 '직장'의 뜻이에요. get to가 '~에 도착하다'니까 get to work는 '출근하다'의 뜻이 됩니다.

5 After a busy morning, I have a coffee break.

▶ break는 흔히 10분~30분 정도의 짧은 휴식을 가리켜요.

6 I seldom have breakfast.

▶ seldom 자체가 '거의 ~ 않는'의 뜻이므로 따로 don't나 doesn't를 쓰지 않습니다.

응용하기

주어진 표현에 어구만 바꿔서 문장을 써 보세요.
듣기 & 말하기

1 What are your daily ~? (당신의) 매일의 ~가 뭐예요?

plans (계획들) / **goals** (목표들)

2 I usually get up at around ~. 전 보통 ~쯤에 일어나요.

seven (7시) / **half past six** (6시 30분)

3 I ~ every night. 전 매일 밤 ~를 해요.

think of you (당신 생각을 하다) / **have nightmares** (악몽을 꾸다)

4 I get to work ~. 전 ~ 출근해요.

by bus (버스로) / **on foot** (걸어서)

5 After a busy morning, I ~. 분주한 아침을 보낸 후에, 난 ~해요.

catch up with my project (내 프로젝트를 처리하다) /
recharge myself with a cup of coffee (커피 한잔으로 재충전하다)

▶ recharge A with B: A를 B로 재충전하다

6 I seldom ~. 난 거의 ~하지 않아요.

get mad (화를 내다) / **feel blue** (우울해하다)

확장 응용하기

옆 페이지에 쓴 문장을 다음에 나온 표현에 맞게 다시 쓰세요.

1 Tell me your daily ~. 매일의 ~를 말해 주세요.

▶ Tell me ~는 '~를 나에게 말해 주세요'라는 뜻이에요. tell은 '~에게 말하다', me는 '나에게'입니다.

2 I always get up at around ~. 난 항상 ~쯤에 일어나요.

▶ usually(보통)은 80퍼센트 정도 발생할 때, always(항상)은 100퍼센트 발생할 때 사용합니다.

3 She ~ every night. 그녀는 매일 밤 ~를 해요.

▶ 주어가 1인칭인 I에서 3인칭인 She로 바뀌었어요. 그럼 동사도 바꿔 줘야겠죠? 그래서 think는 thinks, have는 has로 바뀝니다.

4 I got to work ~. 전 ~ 출근했어요.

▶ get의 과거형은 got이에요. 현재의 습관을 나타내는 문장에서 과거의 사실을 말하는 문장으로 바뀝니다.

5 After a busy morning, we ~. 분주한 아침을 보낸 후에, 우리는 ~해요.

▶ 1인칭 단수형 I에서 1인칭 복수형 we로 주어를 바꾸어 씁니다. my, myself도 our, ourselves로 바꿔 줘야겠죠?

6 I rarely ~. 난 좀처럼 ~하지 않아요.

▶ rarely는 seldom과 거의 같은 뜻으로 바꿔 사용할 수 있어요.

REVIEW UNIT 31-35

확인학습 다음 우리말 문장을 영어로 쓰세요.

1 그는 일주일에 두 번 테니스 쳐요.

   ▶ _____

2 그 사람, 그냥 저랑 아는 사이예요.

   ▶ _____

3 저 남자친구랑 헤어졌어요.

   ▶ _____

4 그녀에게서 연락 받은 적 있어요?

   ▶ _____

5 매일 하는 일상은 뭐예요?

   ▶ _____

6 전 아침은 거의 안 먹어요.

   ▶ _____

7 전 이혼했어요.

   ▶ _____

8 걔가 저와 양다리를 걸치고 있었더라고요.

   ▶ _____

9 저 처음엔 그 사람 몰라봤어요.

   ▶ _____

10 전 야구 광팬이에요.

   ▶ _____

11 동점으로 끝났어요.

  ▶ _____

12 전 그녀에게 커피 한잔하자고 데이트 신청했어요.

  ▶ _____

13 저 여자친구한테 차였어요.

  ▶ _____

14 왜 그에게 끌리는 거예요?

  ▶ _____

15 분주한 오전이 지나면 전 커피를 마시며 잠깐 쉬어요.

  ▶ _____

16 전 지하철로 출근해요.

  ▶ _____

17 전 아직도 이상형을 찾고 있어요.

  ▶ _____

18 친구들이 가족보다 더 나아요.

  ▶ _____

19 전 아버지랑 말 안 해요.

  ▶ _____

20 스포츠광이세요?

  ▶ _____

UNIT 36 일상의 루틴 2
Daily Routines 2

미엘린층 만들기 큰소리로 낭독하고 외우면 영어 고속도로(미엘린층)가 생겨요!

I study until late in the afternoon.
전 오후 늦게까지 공부해요.

until late 늦게까지
in the afternoon 오후에

Do you vacuum the house every day?
매일 청소기로 집 밀어요?

vacuum (진공청소기로) 청소하다

I do chores because I have to.
해야 하니까 허드렛일을 하는 거죠.

do chores 허드렛일을 하다
have to+동사원형 ~해야 한다

I take a nap after lunch.
전 점심 먹고 낮잠을 자요.

take a nap 낮잠 자다
after lunch 점심 먹고

I take vitamin C every day.
전 매일 비타민 C를 먹어요.

take (약을) 복용하다

I stretch my body for at least 10 minutes.
전 적어도 10분간은 스트레칭을 해요.

stretch ~을 죽 늘여빼다
at least 적어도

Check It Out! 낭독하기 ☐☐☐☐☐ ☐☐☐☐☐
암송하기 ☐☐☐☐☐ ☐☐☐☐☐

알아두세요.
1. I do chores because I have to.는 원래 I do chores because I have to do chores.예요. 하지만 영어는 똑같은 말이 반복되는 걸 싫어해서 have to 뒤에 반복된 do chores를 생략하고 썼답니다.
2. 우리말은 밥도 먹는 거고, 물도 먹는 거고, 약도 먹는 거고, 나이도 먹는 겁니다. 하지만 영어는 이것들을 다 다른 동사를 써서 표현해요. have는 음식을 먹을 때, drink는 물이나 액체 등을 마실 때, take는 약 등을 복용할 때, get은 나이 등을 먹을 때 씁니다.

해석하고 따라 쓰기   눈으로만 보면 안 돼요. 우리말 해석을 쓰고 영어 문장을 따라 쓰세요.

1   I study until late in the afternoon.

2   Do you vacuum the house every day?

▶ everyday와 every day를 헷갈리지 마세요. everyday는 '매일의'이고, every day는 '매일'로 의미가 다릅니다.

3   I do chores because I have to.

4   I take a nap after lunch.

▶ 식사를 나타내는 단어를 알아볼까요? breakfast는 '아침 식사', lunch는 '점심 식사', dinner는 '저녁 식사'예요.

5   I take vitamin C every day.

▶ 우리말은 밥도, 물도, 약도 다 '먹다'이지만 영어에서 약을 먹는다고 할 때는 반드시 take를 씁니다.

6   I stretch my body for at least 10 minutes.

▶ stretch는 '~을 죽 늘여빼다'예요. 몸을 늘여빼는 거니까 stretch one's body는 '스트레칭을 하다'예요.

UNIT 36

응용하기

주어진 표현에 어구만 바꿔서 문장을 써 보세요.

듣기 & 말하기 ☐☐☐☐☐ ☐☐☐☐☐

1 I ~ until late in the afternoon. 난 오후 늦게까지 ~ 해요.

sleep (잠자다) / work (일하다)

2 Do you ~ the house every day? 매일 집을 ~해요?

clean (청소하다) / air out (환기시키다)

3 I do chores because I ~. 전 ~하니까 허드렛일을 해요.

should (해야 하다) / want to (원하다)

4 I take a nap ~. 전 ~ 낮잠을 자요.

after school (방과 후에) / after meals (식사 후에)

5 I take ~ every day. 전 매일 ~를 복용해요.

a diet pill (다이어트 약) / an iron supplement (철분 보조제)

6 I stretch my body ~. 전 ~ 스트레칭을 해요.

after waking up (잠에서 깬 후에) / before I work out (운동하기 전에)

확장 응용하기

옆 페이지에 쓴 문장을 다음에 나온 표현에 맞게 다시 쓰세요.

1 **He ~ until late in the afternoon.** 그는 오후 늦게까지 ~ 해요.

▶ 주어가 3인칭 단수인 He로 바뀌니까 동사도 바뀌어야 해요. 그래서 sleep은 sleeps로, work는 works로 바뀝니다.

2 **Did you ~ the house every day?** 당신은 매일 집을 ~했어요?

▶ 과거에 했던 일을 확인할 때는 Did를 문장 맨 앞에 쓰고 〈주어+동사원형 ~〉의 순서로 씁니다.

3 **She does chores because she ~.** 그녀는 ~니까 허드렛일을 해요.

▶ 주어가 3인칭인 she로 바뀌면서 do는 does로, want to는 wants to로 바뀝니다. should는 주어가 뭐든 상관없어요.

4 **She used to take a nap ~.** 그녀는 ~ 낮잠을 자곤 했어요.

▶ used to(~하곤 했다)는 과거에는 했으나 현재는 더 이상 지속되지 않는 과거의 습관을 나타내요. 뒤에는 동사원형이 옵니다. 주어가 3인칭인 she로 바뀌었어도 형태는 변함없어요.

5 **She has taken ~ every day.** 그녀는 매일 ~을 복용해 왔어요.

▶ 과거부터 현재까지 지속되는 일을 말할 때는 〈have+과거분사 ~〉 형태를 써요. take의 과거분사는 taken이고요, 주어가 3인칭 단수이므로 have는 has로 써야 합니다.

6 **She stretches her body ~.** 그녀는 ~ 스트레칭을 해요.

▶ 주어가 1인칭 I에서 3인칭 she로 바뀌면서 I work out은 she works out으로 바뀌어야 해요.

UNIT 36

UNIT 37 일상의 루틴 3
Daily Routines 3

미엘린층 만들기 큰소리로 낭독하고 외우면 영어 고속도로(미엘린층)가 생겨요!

I walk my dog every morning.
전 매일 아침 개를 산책시켜요.

walk ~를 산책시키다
every morning 매일 아침

I eat a snack between meals.
전 식사 사이에 간식을 먹어요.

eat a snack 간식을 먹다
between ~ 사이에
meal 식사

I watch TV while my mom does the dishes.
어머니가 설거지하시는 동안 전 텔레비전을 봐요.

while ~하는 동안
do the dishes 설거지하다

Sometimes I love being a couch potato.
전 때론 소파에 늘어져 누워 있는 것도 아주 좋아해요.

couch potato 소파에 앉아 TV만 보며 시간을 보내는 사람

I fold clothes on my bed.
전 침대에서 옷을 개어요.

fold 접다, (옷을) 개다   clothes 옷, 의류

I go to bed at eleven.
전 열한 시에 잠들어요.

go to bed 잠자리에 들다

Check It Out! 낭독하기 ☐☐☐☐ ☐☐☐☐
        암송하기 ☐☐☐☐ ☐☐☐☐

알아두세요.
1. 우리가 알던 뜻 외에 다른 의미로 쓰이는 단어들이 있어요. 바로 walk와 water예요. walk는 '걷다' 외에 '산책시키다'의 뜻이 있고요, water는 '물' 외에 '~에게 물을 주다'의 뜻으로도 쓰입니다.
2. 시간이나 기간을 나타내는 말 앞에 every가 붙으면 '매 ~마다'의 뜻이에요. 그래서 every morning은 '매 아침마다' 즉, '매일 아침에', every weekend는 '매 주말마다'의 뜻입니다.

해석하고 따라 쓰기 눈으로만 보면 안 돼요. 우리말 해석을 쓰고 영어 문장을 따라 쓰세요.

1 I walk my dog every morning.

2 I eat a snack between meals.

▶ snack(간식)과 meal(끼니)는 모두 셀 수 있는 명사예요. 그래서 단수일 때 관사 a를 붙이거나 복수일 때 -s를 붙여야 해요.

3 I watch TV while my mom does the dishes.

▶ do the dishes는 '설거지하다'인데 do 대신 wash를 써서 wash the dishes 또는 wash up이라고도 해요.

4 Sometimes I love being a couch potato.

▶ love 뒤에 아주 좋아하는 동작이나 상태를 쓸 때는 〈동사+-ing〉 형태로 나타냅니다.

5 I fold clothes on my bed.

▶ fold는 '접다, (옷, 빨래 등) 개다'의 뜻이며, 반대로 '펴다'는 spread예요.

6 I go to bed at eleven.

▶ '11시에'에서 '~에'는 at을 쓰는 것에 주의하세요. ex) at 7 (7시에), at six (6시에)

UNIT 37

응용하기

주어진 표현에 어구만 바꿔서 문장을 써 보세요.

듣기 & 말하기

1. **I walk my dog ~.** 전 ~ 개를 산책시켜요.
   every other day (이틀에 한 번) / **every weekend** (주말마다)

2. **I eat ~ between meals.** 전 식사 사이에 ~를 먹어요.
   fresh fruit (신선한 과일) / **nuts** (견과류)

3. **I watch TV while ~.** ~하는 동안 전 TV를 봐요.
   my mother cooks (엄마가 요리하다) /
   my husband vacuums the living room (남편이 진공청소기로 거실을 밀다)

4. **Sometimes I love ~.** 전 때론 ~인 것을 아주 좋아해요.
   being around people (사람들과 함께 있는) / **being alone** (혼자 있는)

5. **I fold clothes ~.** 난 ~ 옷을 개요.
   on my own (내가 직접) / **neatly** (차곡차곡)

6. **I go to bed at ~.** 난 ~에 잠자리에 들어요.
   9 pm (밤 9시에) / **2 am** (새벽 2시에)

확장 응용하기

옆 페이지에 쓴 문장을 다음에 나온 표현에 맞게 다시 쓰세요.

1 I'm going to walk my dog ~. 전 개를 ~ 산책시킬 거예요.

_____

_____

▶ 〈be동사+going to+동사원형〉은 이미 하기로 마음먹은 일을 말할 때 씁니다.

2 I ate ~ between meals. 전 식사 사이에 ~를 먹었어요.

_____

_____

▶ 현재시제 문장에서 과거시제 문장으로 바꿉니다. eat의 과거형은 ate예요.

3 I always watch TV while ~. ~하는 동안 전 늘 TV를 봐요.

_____

_____

▶ 현재시제를 쓴다는 건 현재의 버릇이나 습관을 나타내는데, 그 앞에 always를 쓰면 100% 항상 그렇게 한다는 걸 강조해요.

4 Sometimes I like ~. 전 때론 ~인 것을 좋아해요.

_____

_____

▶ love 대신 like를 쓸 수도 있어요. 좋아한다는 의미는 같지만 강도는 love보다 살짝 약합니다.

5 I want to fold clothes ~. 난 ~ 옷을 개고 싶어요.

_____

_____

▶ 〈want to+동사원형〉은 '~하고 싶다'로 바람을 나타내요.

6 He goes to bed at ~. 그는 ~에 잠자리에 들어요.

_____

_____

▶ 주어가 3인칭 단수로 바뀌었어요. go의 3인칭 단수는 gos가 아니라 goes입니다.

UNIT 37   177

UNIT 38 약속과 계획 1
Appointment & Plan 1

미엘린층 만들기 큰소리로 낭독하고 외우면 영어 고속도로(미엘린층)가 생겨요!

Are you available tonight?
(당신) 오늘밤에 시간 있어요?

available 시간 있는, 이용할 수 있는
tonight 오늘밤에

I have an appointment with my friend.
저 친구랑 약속 있어요.

have an appointment with
~와 약속이 있다

He promised me to come.
그가 저한테 오겠다고 약속했어요.

promise+A+to+동사원형
A에게 ~하기로 약속하다

Do you have time to talk?
얘기할 시간 있어요?

time to+동사원형 ~할 시간
talk 이야기하다

Is he expecting your call?
그가 당신 전화를 기다리고 있나요?

expect 기대하다, 기다리다

I have a previous engagement.
선약이 있어요.

previous 먼저의
engagement 약속

Check It Out! 낭독하기 ☐☐☐☐☐ ☐☐☐☐☐
암송하기 ☐☐☐☐☐ ☐☐☐☐☐

알아두세요.
영어 문장을 읽다 보면 〈명사+to+동사원형〉의 형태를 많이 보게 돼요. 100% 다 그런 건 아니지만, 의미상 〈to+동사원형〉이 앞의 명사를 꾸며 주는 경우가 있어요. 예를 들어, **things to do**는 '할(to do) 일들(things)'로 해석이 됩니다. **time to talk**는 '이야기할(to talk) 시간(time)'이 되는 거죠.

해석하고 따라 쓰기

눈으로만 보면 안 돼요. 우리말 해석을 쓰고 영어 문장을 따라 쓰세요.

1. Are you available tonight?

▶ available이 사람과 함께 쓰이면 '~을 할 시간이 있는'의 의미가 돼요.

2. I have an appointment with my friend.

▶ 언제 어느 때 누구와 만나기로 하는 약속은 appointment고, 뭔가를 하겠다고 손가락 걸고 하는 약속은 promise예요.

3. He promised me to come.

4. Do you have time to talk?

5. Is he expecting your call?

▶ expect는 '기대하다'란 뜻 외에 '오기로 한 사람을 기다리다'의 뜻도 있는데, 주로 이렇게 진행형으로 많이 쓰여요.

6. I have a previous engagement.

UNIT 38

응용하기

주어진 표현에 어구만 바꿔서 문장을 써 보세요.
듣기 & 말하기

1. **Are you available ~?** (당신) ~ 시간 있어요?
   now (지금) / tomorrow (내일)

2. **I have an appointment with ~.** 저 ~랑 약속 있어요.
   someone (누군가) / my boyfriend (제 남자친구)

3. **He promised me to ~.** 그는 저한테 ~하겠다고 약속했어요.
   stay here (여기에 머물다) / help me (나를 돕다)

4. **Do you have time to ~?** ~할 시간 있어요?
   visit there (거기를 방문하다) / travel (여행하다)

5. **Is he expecting ~?** 그가 ~를 기다리고 있나요?
   me (나를) / them (그들을)

6. **I have a(n) ~ engagement.** ~ 약속이 있어요.
   important (중요한) / dinner (저녁)

확장 응용하기

옆 페이지에 쓴 문장을 다음에 나온 표현에 맞게 다시 쓰세요.

1 I am available ~. 전 ~ 시간 있어요.

▶ 상대방에게 물어보는 문장에서 나에 대한 설명을 하는 문장으로 바꿉니다.

2 He has an appointment with ~. 그는 ~와 약속이 있어요.

▶ 주어가 1인칭 I에서 3인칭 He로 바뀌면서 have가 has로, my는 his로 바뀌어요.

3 He has promised me to ~. 그는 저한테 ~하겠다고 (예전부터 계속) 약속했어요.

▶ 과거에 약속을 했고 계속 약속하고 있는 상태를 나타낼 때는 〈have+과거분사〉로 나타냅니다.

4 Don't you have time to ~? ~할 시간이 있지 않아요?

▶ 우리말의 부정의문문처럼 '~하지 않아요?'처럼 물을 때는 Don't/Doesn't를 주어 앞에 놓습니다. 물론 주어 뒤의 동사는 원형이 와야 합니다.

5 Was he expecting ~? 그는 ~를 기다리고 있었나요?

▶ 현재가 아니라 과거에 진행되던 사실을 물어볼 때는 〈Be동사의 과거형+주어+동사-ing ~?〉의 형태를 사용합니다. 주어가 he이므로 be동사는 과거형 was를 씁니다.

6 I didn't have a(n) ~ engagement. ~ 약속이 없었어요.

▶ 현재시제를 과거시제, 그것도 부정문으로 바꾸는 거예요. have의 과거시제 부정형은 didn't have입니다.

UNIT 38 181

UNIT 39

약속과 계획 2
Appointment & Plan 2

미엘린층 만들기 큰소리로 낭독하고 외우면 영어 고속도로(미엘린층)가 생겨요!

Do you have any plans for tonight?
오늘밤 뭐 약속 있어요?

plans 약속

You can join me.
저랑 함께 가셔도 돼요.

join 합류하다

My plan got cancelled.
제 계획이 취소됐어요.

get cancelled 취소되다

Let's put off our appointment.
우리 약속을 미룹시다.

Let's+동사원형 ~합시다
put off 미루다

Things don't go as planned.
일들은 계획대로 되지 않아요.

go 진행되다, 흘러가다
as planned 계획대로

I will let you know my schedule.
제 스케줄 알려드릴게요.

let A know B A에게 B를 알려주다
schedule 스케줄

Check It Out! 낭독하기 ☐☐☐☐☐ ☐☐☐☐☐
　　　　　　　　암송하기 ☐☐☐☐☐ ☐☐☐☐☐

알아두세요.
영어 문장에 〈get+과거분사〉 형태가 있어요. 이건 〈be+과거분사〉 형태와 거의 같은 것으로 스스로 무엇을 하는 게 아니라 주변 환경이나 상황에 영향을 받아 어떤 상태로 되는 걸 뜻합니다. cancel은 '~을 취소하다'인데 my plan(내 계획)은 취소하는 게 아니라 취소되는 거죠? 그래서 get cancelled라고 표현합니다.

해석하고 따라 쓰기 눈으로만 보면 안 돼요. 우리말 해석을 쓰고 영어 문장을 따라 쓰세요.

1 Do you have any plans for tonight?

▶ plan은 '계획'의 뜻이지만 복수형으로 쓰이면 '약속'의 의미로도 쓰입니다. any는 의미상 '뭐가 됐든 간에'의 뉘앙스를 풍겨요.

2 You can join me.

▶ join 뒤에 me 같은 사람 목적어가 나오면 '~와 함께 가다, ~와 함께 있다'의 뜻이에요.

3 My plan got cancelled.

4 Let's put off our appointment.

5 Things don't go as planned.

▶ 여기서 go는 '가다'의 뜻이 아니라 '진행하다, 흘러가다'의 뜻이란 것, 꼭 알아두세요.

6 I will let you know my schedule.

UNIT 39

응용하기

주어진 표현에 어구만 바꿔서 문장을 써 보세요.
듣기 & 말하기

1 Do you have any plans for ~? ~ 뭐 약속 있어요?

today (오늘) / this Friday (이번 주 금요일에)

2 You can join ~. ~랑 함께 가셔도 돼요.

us (우리) / our team (우리 팀)

3 My plan got ~. 제 계획이 ~됐어요.

messed up (망쳐진) / delayed (미뤄진, 연기된)

4 Let's put off ~. ~을 미룹시다.

the meeting (그 회의) / our wedding (우리 결혼)

5 Things don't go as ~. 일들이 ~대로 되지 않아요.

we want (우리가 원하다) / we wish (우리가 바라다)

6 I will let you know ~. ~ 알려드릴게요.

my decision (제 결정) / the progress (진행 과정)

확장 응용하기

옆 페이지에 쓴 문장을 다음에 나온 표현에 맞게 다시 쓰세요.

1 Does he have any plans for ~? 그는 ~ 뭐 약속 있어요?

▶ 주어가 2인칭 you에서 3인칭 단수 he로 바뀌니까 Do를 Does로 써야 합니다.

2 You cannot join ~. ~랑 함께 가실 수 없어요.

▶ can의 부정형은 cannot입니다. can not으로 쓰지 않게 주의하세요. 축약해서 can't로 쓸 수 있습니다.

3 My plan might get ~. 제 계획이 ~될 지도 몰라요.

▶ might는 확실성이 떨어지는 미래의 일을 추측하며 말할 때 써요. might는 항상 뒤에 동사원형이 와야 한답니다.

4 Let's not put off ~. ~을 미루지 맙시다.

▶ '~합시다'의 반대말인 '~하지 맙시다'는 Let's not으로 표현합니다. 뒤에 동사원형이 오는 것은 안 바뀌어요.

5 People say things don't go as ~. 일들이 ~대로 되지 않는다고 그러더라고요.

▶ 문장 앞에 People say를 붙이면 '사람들이 ~라고 말하더라고요'의 뜻이에요.

6 I have to let you know ~. ~ 알려드려야 해요.

▶ '~할 것이다'라는 주어의 의지를 나타내는 will 자리에 '~해야 한다'의 뜻을 나타내는 have to를 썼어요.

UNIT 39

UNIT 40 약속과 계획 3
Appointment & Plan 3

미엘린층 만들기 큰소리로 낭독하고 외우면 영어 고속도로(미엘린층)가 생겨요!

I am gonna meet him.
전 그를 만날 거예요.

be gonna+동사원형 ~할 것이다

The train was scheduled to arrive at two.
기차는 두 시에 도착할 예정이었어요.

be scheduled to+동사원형 ~하도록 되어 있다

She arrived in time.
그녀는 시간 내에 도착했어요.

in time 시간 안에

The meeting started on time.
회의가 정시에 시작했어요.

on time 제 시간에

The project is behind schedule.
프로젝트가 예정보다 늦어지고 있어요.

behind schedule 예정보다 늦은

I booked a table.
(식당에) 자리를 하나 예약했어요.

book 예약하다

Check It Out! 낭독하기 ☐☐☐☐☐ ☐☐☐☐☐
암송하기 ☐☐☐☐☐ ☐☐☐☐☐

알아두세요.
1. gonna는 going to의 구어체 표현으로 미래의 예정을 나타내요. 발음은 [거너] 정도로 하지요. 하지만 문서를 쓸 때는 gonna라고 쓰지 않도록 하세요.
2. book이 동사로 쓰이면 '(자리나 장소를) 예약하다'의 뜻이에요.

해석하고 따라 쓰기 눈으로만 보면 안 돼요. 우리말 해석을 쓰고 영어 문장을 따라 쓰세요.

1 I am gonna meet him.

2 The train was scheduled to arrive at two.

▶ ⟨be scheduled to+동사원형 ~⟩ 표현의 주어로는 계획을 한 주체가 아니라 계획된 대상이 와야 해요.

3 She arrived in time.

▶ in time은 '시간 내에'란 뜻으로, 3시에 도착하기로 했다면 2시 30분이나 50분처럼 빨리 도착한 경우에 써요.

4 The meeting started on time.

▶ on time은 '딱 그 시간에'이니까, 3시에 시작하기로 했다면 3시 정각에 시작했다는 뜻이에요.

5 The project is behind schedule.

▶ behind schedule의 반대말은 ahead of schedule(예정보다 앞선)이에요.

6 I booked a table.

▶ book은 자리나 장소를 '예약하다'란 뜻이에요. 그래서 book a flight(비행기를 예약하다), book a room(방을 예약하다)처럼 사용할 수 있어요.

UNIT 40

1 I am gonna ~. 전 ~할 거예요.
see James (제임스를 만나다) / go there (거기에 가다)

2 ~ was scheduled to arrive at two. ~는 2시에 도착할 예정이었어요.
The flight (비행기) / The ship (배)

3. ~ arrived in time. ~는 시간 내에 도착했어요.
The shipment (선적품) / My friends (내 친구들)

4 ~ started on time. ~는 정시에 시작했어요.
The show (쇼) / The concert (콘서트)

5 ~ is behind schedule. ~가 예정보다 늦어지고 있어요.
The software development (소프트웨어 개발) / Everything (모든 것)

6 I booked ~. 전 ~를 예약했어요.
a room in your hotel (귀 호텔에 방 하나) / a flight online (온라인으로 비행편)

확장 응용하기

옆 페이지에 쓴 문장을 다음에 나온 표현에 맞게 다시 쓰세요.

1 She is gonna ~. 그녀는 ~할 거예요.

▶ 1인칭 I에서 3인칭 She로 주어가 바뀌면서 am도 is로 바뀌었어요.

2 ~ will be scheduled to arrive at two. ~는 2시에 도착할 거예요.

▶ 미래를 나타낼 때는 〈be scheduled to+동사원형〉 앞에 will을 넣어 will be scheduled to ~로 써요.

3 ~ didn't arrive in time. ~는 시간 내에 도착하지 않았어요.

▶ 과거에 ~하지 않았다는 부정문을 나타낼 때는 〈didn't+동사원형〉으로 표현합니다.

4 ~ always starts on time. ~는 항상 정시에 시작해요.

▶ 현재시제는 늘 계속되는 습관이나 버릇, 상황, 행동 등을 나타낼 때 쓰는데, always를 쓰면 항상 그런다는 걸 강조할 수 있어요.

5 I don't think ~ is behind schedule. ~가 예정보다 늦어지고 있다고 생각하지 않아요.

▶ I don't think 다음에 문장을 쓰면 해당 문장의 내용을 부정하는 뉘앙스를 풍기며 말할 수 있어요.

6 I would like to book ~. 전 ~을 예약하고 싶습니다.

▶ would like to는 '~하고 싶다'의 뜻으로 뒤에는 동사원형이 나와요. want to보다 좀 더 공손하게 말하는 듯한 느낌을 줍니다.

UNIT 40 189

REVIEW UNIT 36-40

확인학습 다음 우리말 문장을 영어로 쓰세요.

1 매일 청소기로 집 밀어요?

   ▶ _____

2 전 매일 아침 개를 산책시켜요.

   ▶ _____

3 (당신) 오늘밤에 시간 있어요?

   ▶ _____

4 저랑 함께 가셔도 돼요.

   ▶ _____

5 전 그를 만날 거예요.

   ▶ _____

6 (식당에) 자리를 하나 예약했어요.

   ▶ _____

7 그가 저한테 오겠다고 약속했어요.

   ▶ _____

8 제 계획이 취소됐어요.

   ▶ _____

9 전 식사 사이에 간식을 먹어요.

   ▶ _____

10 해야 하니까 허드렛일을 하는 거죠.

    ▶ _____

11 전 매일 비타민 C를 먹어요.

    ▶ _____

12 전 때론 소파에 늘어져 누워 있는 것도 아주 좋아해요.

    ▶ _____

13 얘기할 시간 있어요?

    ▶ _____

14 일들은 계획대로 되지 않아요.

    ▶ _____

15 프로젝트가 예정보다 늦어지고 있어요.

    ▶ _____

16 회의가 정시에 시작했어요.

    ▶ _____

17 우리 약속을 미룹시다.

    ▶ _____

18 선약이 있어요.

    ▶ _____

19 전 침대에서 옷을 개어요.

    ▶ _____

20 전 적어도 10분간은 스트레칭을 해요.

    ▶ _____

ANSWERS

응용하기 / 확장 응용하기 / 확인학습
정답 & 해석

UNIT 1 My Family and Myself (1)

p. 18 응용하기

1. Do you have grandparents? 조부모님 계세요?
   Do you have cousins? 사촌들 있어요?
2. How often do you take a shower? 얼마나 자주 샤워해요?
   How often do you exercise? 얼마나 자주 운동해요?
3. I don't get along with my boss. 전 제 상사와 사이가 안 좋아요.
   I don't get along with my neighbors. 전 제 이웃들과 사이가 안 좋아요.
4. I am close to my mother-in-law. 전 저희 시어머니와 친해요.
   I am close to the president. 전 그 사장님과 친해요.
5. My mother never allows me to stay out overnight. 우리 엄마는 절대 내가 외박 못하게 해요.
   My mother never allows me to skip meals. 우리 엄마는 절대 내가 끼니 못 거르게 해요.
6. He is an only child. 그는 외동이에요.
   She is an only child. 그녀는 외동이에요.

p. 19 확장 응용하기

1. Does she have grandparents? 그녀는 조부모님이 계세요?
   Does she have cousins? 그녀는 사촌들이 있어요?
2. How often did you take a shower? 얼마나 자주 샤워했어요?
   How often did you exercise? 얼마나 자주 운동했어요?
3. She doesn't get along with her boss. 그녀는 자기 상사와 사이가 안 좋아요.
   She doesn't get along with her neighbors. 그녀는 자기 이웃들과 사이가 안 좋아요.
4. He is close to his mother-in-law. 그는 자기 장모님과 친해요.
   He is close to the president. 그는 그 사장님과 친해요.
5. My mother will never allow me to stay out overnight. 우리 엄마는 절대 나 외박 못하게 할 거예요.
   My mother will never allow me to skip meals. 우리 엄마는 절대 나 끼니 못 거르게 할 거예요.
6. He was an only child. 그는 외동이었어요.
   She was an only child. 그녀는 외동이었어요.

UNIT 2 My Family and Myself (2)

p. 22 응용하기

1. I have one elder brother and one elder sister. 전 형 하나랑 누나가 하나 있어요.
   I have one elder brother and one younger brother. 전 형 하나랑 남동생이 하나 있어요.
2. We drink together regularly. 우리는 정기적으로 함께 술을 마셔요.
   We work out together regularly. 우리는 정기적으로 함께 운동해요.
3. My mom and I rarely see eye to eye. 엄마랑 전 거의 의견이 일치하지가 않아요.
   My mom and I rarely go shopping. 엄마랑 전 쇼핑하러 거의 안 가요.
4. How many are there in your party? 일행이 몇 명이에요?
   How many are there in your class? 반에 몇 명이 있어요?

5 We are a family of three. 우리는 세 식구예요.
   We are a family of five. 우리는 다섯 식구예요.
6 Sometimes I fight with my best friend. 가끔은 절친과 다퉈요.
   Sometimes I fight with my boyfriend. 가끔은 남자친구와 다퉈요.

p. 23 확장 응용하기
1 I have two elder brothers and two elder sisters. 전 형 둘과 누나 둘이 있어요.
   I have two elder brothers and two younger brothers. 전 형 둘과 남동생 둘이 있어요.
2 We don't drink together regularly. 우리는 정기적으로 함께 술을 마시지 않아요.
   We don't work out together regularly. 우리는 정기적으로 함께 운동하지 않아요.
3 My mom and I never see eye to eye. 엄마랑 전 절대 의견이 일치하지 않아요.
   My mom and I never go shopping. 엄마랑 전 절대 쇼핑하러 안 가요.
4 How many women are there in your party? 일행 중에 여자가 몇 명이에요?
   How many women are there in your class? 반에 여자가 몇 명이에요?
5 We are a group of three. 우리 단체는 세 명이에요.
   We are a group of five. 우리 단체는 다섯 명이에요.
6 Sometimes I fought with my best friend. 가끔은 절친과 다퉜어요.
   Sometimes I fought with my boyfriend. 가끔은 남자친구와 다퉜어요.

UNIT 3   My Family and Myself (3)

p. 26 응용하기
1 I respect my parents. 전 우리 부모님 존경해요.
   I respect my teacher. 전 우리 선생님 존경해요.
2 My grandfather passed away three years ago. 저희 할아버지는 3년 전에 돌아가셨어요.
   My grandfather passed away a year ago. 저희 할아버지는 1년 전에 돌아가셨어요.
3 I feel like a burden to everyone. 전 모두에게 짐 같아요.
   I feel like a burden to you. 전 당신에게 짐 같아요.
4 My parents are very supportive. 저희 부모님은 지원을 아끼지 않으세요.
   My parents are in their 60s. 저희 부모님은 60대세요.
5 My parents still treat me like a patient. 저희 부모님은 아직도 절 환자 취급해요.
   My parents still treat me like a teenager. 저희 부모님은 아직도 절 10대 취급하세요.
6 I love my children more than anything else in the world. 전 제 아이들을 세상 무엇보다도 더 사랑해요.
   I love you more than anything else in the world. 전 당신을 세상 무엇보다도 더 사랑해요.

p. 27 확장 응용하기
1 I don't respect my parents. 전 우리 부모님 존경하지 않아요.
   I don't respect my teacher. 전 우리 선생님 존경하지 않아요.
2 My grandfather didn't pass away three years ago. 우리 할아버지는 3년 전에 돌아가신 게 아니에요.
   My grandfather didn't pass away a year ago. 우리 할아버지는 1년 전에 돌아가신 게 아니에요.

3 I felt like a burden to everyone. 전 모두에게 짐 같았어요.
　I felt like a burden to you. 전 당신에게 짐 같았어요.
4 I am very supportive. 전 지원을 아끼지 않는 편이에요.
　I am in my 60s. 전 60대예요.
5 My parents have never treated me like a patient. 우리 부모님은 절 한번도 환자 취급하신 적이 없어요.
　My parents have never treated me like a teenager. 우리 부모님은 절 한번도 10대 취급한 적이 없어요.
6 I loved my children more than anything else in the world. 전 제 아이들을 세상 무엇보다도 더 사랑했어요.
　I loved you more than anything else in the world. 전 당신을 세상 무엇보다도 더 사랑했어요.

UNIT 4　Personality (1)

p. 30 응용하기

1 He has a kind heart. 그는 마음이 따뜻해요. (그는 따뜻한 마음이 있어요.)
　He has eagle eyes. 그는 관찰력이 뛰어나요. (그는 뛰어난 관찰력이 있어요.)
2 She is generous. 그녀는 마음이 넓어요.
　She is selfish. 그녀는 이기적이에요.
3 I am picky about making friends. 전 친구 사귀는 것에 관해서 까탈스러워요.
　I am picky about music. 전 음악에 관해서 까탈스러워요.
4 I'm kind of busy. 전 좀 바빠요.
　I'm kind of depressed. 전 좀 우울해요.
5 Are you broad-minded? 당신은 마음이 넓은가요?
　Are you feeble-minded? 당신은 의지가 박약한가요?
6 What is the company like? 그 회사는 어떤가요?
　What is life in China like? 중국 생활은 어떤가요?

p. 31 확장 응용하기

1 Does he have a kind heart? 그는 마음이 따뜻한가요? (그는 따뜻한 마음이 있나요?)
　Does he have eagle eyes? 그는 관찰력이 뛰어난가요? (그는 뛰어난 관찰력이 있나요?)
2 You are generous. 당신은 마음이 넓군요.
　You are selfish. 당신은 이기적이에요.
3 He is picky about making friends. 그는 친구 사귀는 것에 관해서 까탈스러워요.
　He is picky about music. 그는 음악에 관해서 까탈스러워요.
4 He was kind of busy. 그는 좀 바빴어요.
　He was kind of depressed. 그는 좀 우울했어요.
5 Is he broad-minded? 그는 마음이 넓은가요?
　Is he feeble-minded? 그는 의지가 박약한가요?
6 What was the company like? 그 회사는 어땠어요?
　What was life in China like? 중국 생활은 어땠어요?

UNIT 5　Personality (2)

p. 34 응용하기
1. Character decides everything. 성격이 모든 걸 결정하죠.
   Character decides fate. 성격이 운명을 결정하죠.
2. He is shy and so is she. 그는 부끄러움을 타고요, 그녀도 그래요.
   He is shy and so are they. 그는 부끄러움을 타고요, 그들도 그래요.
3. I am future-oriented. 전 미래지향적이에요.
   I am team-oriented. 전 팀지향적이에요.
4. I am very liberal. 전 매우 자유분방해요.
   I am very stubborn. 전 매우 고집이 세요.
5. He is short-tempered but not violent. 그는 성미는 급하지만 폭력적이진 않아요.
   He is short-tempered but lovable. 그는 성미는 급하지만 매력적이에요.
6. He is always confident about himself. 그는 항상 자신에 대해 자신감이 넘쳐요.
   I am always confident about myself. 전 항상 제 자신에 대해 자신감이 넘쳐요.

p. 35 확장 응용하기
1. Character always decides everything. 성격이 늘 모든 걸 결정하죠.
   Character always decides fate. 성격이 늘 운명을 결정하죠.
2. He was shy and so was she. 그는 부끄러움을 탔고요, 그녀도 그랬어요.
   He was shy and so were they. 그는 부끄러움을 탔고요, 그들도 그랬어요.
3. We are future-oriented. 저희는 미래지향적이에요.
   We are team-oriented. 저희는 팀지향적이에요.
4. I am not very liberal. 전 별로 자유분방하지 않아요.
   I am not very stubborn. 전 별로 고집이 세지 않아요.
5. Isn't he short-tempered but not violent? 그가 성미가 급하긴 하지만 폭력적이진 않아요?
   Isn't he short-tempered but lovable? 그가 성미가 급하긴 하지만 매력적이지 않나요?
6. He has always been confident about himself. 그는 (예전부터) 항상 자신에 대해 자신감이 넘쳤어요.
   I have always been confident about myself. 전 (예전부터) 항상 제 자신에 대해 자신감이 넘쳤어요.

Unit 1-5 확인학습
1. Do you have brothers and sisters?
2. I don't get along with my family.
3. My mother never allows me to stay out late.
4. We are a family of four.
5. She is self-centered.
6. What is he like?
7. I feel like a burden to my family.
8. My parents still treat me like a kid.
9. Character decides destiny.
10. He is shy, so am I.
11. He is short-tempered but cool.
12. She is always confident about herself.

13 I am picky about food.
14 I'm kind of the stay-at-home type.
15 My parents are divorced.
16 How many are there in your family?
17 I am close to my parents.
18 I am an only child.
19 My mom and I rarely eat out.
20 He has a sense of humor..

UNIT 6   Personality (3)

p. 40 응용하기
1 What a nice woman you are! 당신 정말 근사한 여자네요!
   What a good guy you are! 당신 정말 멋진 사람이네요!
2 She is honest to a fault. 그녀는 지나치게 정직해요.
   She is loyal to a fault. 그녀는 지나치게 충직해요.
3 Don't be so stingy with the cream. 크림 갖고 너무 쩨쩨하게 굴지 마세요.
   Don't be so stingy with the sauce. 소스 갖고 너무 쩨쩨하게 굴지 마세요.
4 I get easily bored. 전 쉽게 지루해져요.
   I get easily frustrated. 전 쉽게 좌절해요.
5 I work hard and earn a lot of money. 전 열심히 일하고 돈을 많이 벌어요.
   I work hard and am active. 전 열심히 일하고 활동적이에요.
6 I don't like lazy people. 전 게으른 사람들 싫어해요.
   I don't like boring people. 전 지루한 사람들 싫어해요.

p. 41 확장 응용하기
1 What a nice woman she is! 그녀는 정말 근사한 여자네요!
   What a good guy she is! 그녀는 정말 멋진 사람이네요!
2 Is she honest to a fault? 그녀는 지나치게 정직한가요?
   Is she loyal to a fault? 그녀는 지나치게 충직한가요?
3 You're so stingy with the cream. 당신은 크림 갖고 너무 인색해요.
   You're so stingy with the sauce. 당신은 소스 갖고 너무 인색해요.
4 I got easily bored. 전 쉽게 지루해졌어요.
   I got easily frustrated. 전 쉽게 좌절했어요.
5 I will work hard and earn a lot of money. 전 열심히 일하고 돈 많이 벌 거예요.
   I will work hard and be active. 전 열심히 일하고 활동적이 될 거예요.
6 No one likes lazy people. 아무도 게으른 사람을 좋아하지 않아요.
   No one likes boring people. 아무도 지루한 사람을 좋아하지 않아요.

UNIT 7　Hobbies and Habits (1)

p. 44 응용하기

1. What is your favorite thing to do? 가장 좋아하는 일이 뭐예요?
   What is your favorite pastime activity? 가장 좋아하는 여가 활동이 뭐예요?
2. My hobby is traveling. 제 취미는 여행하는 거예요.
   My hobby is listening to music. 제 취미는 음악 듣는 거예요.
3. What do you like to do in your free time? 여가 시간에 뭘 하는 걸 좋아해요?
   What do you like to do for fun? 취미로 뭘 하는 걸 좋아해요?
4. I love taking pictures of nature. 전 자연 사진 찍는 걸 아주 좋아해요.
   I love taking pictures of my friends. 전 제 친구들 사진 찍는 걸 아주 좋아해요.
5. I am fond of reading. 전 독서를 좋아해요.
   I am fond of coffee. 전 커피를 좋아해요.
6. I like to read when I am at the park. 전 공원에 있을 때 독서하는 걸 좋아해요.
   I like to read when I am alone. 전 혼자 있을 때 독서하는 걸 좋아해요.

p. 45 확장 응용하기

1. Do you have any favorite thing to do? 가장 좋아하는 어떤 일이 있어요?
   Do you have any favorite pastime activity? 가장 좋아하는 어떤 여가 활동이 있어요?
2. Traveling is my hobby. 여행하는 게 제 취미예요.
   Listening to music is my hobby. 음악 듣는 게 제 취미예요.
3. What does she usually like to do in her free time? 그녀는 여가 시간에 주로 뭘 하는 걸 좋아해요?
   What does she usually like to do for fun? 그녀는 취미로 주로 뭘 하는 걸 좋아해요?
4. I like taking pictures of nature. 전 자연 사진 찍는 걸 좋아해요.
   I like taking pictures of my friends. 전 제 친구들 사진 찍는 걸 좋아해요.
5. I was fond of reading. 전 독서를 좋아했어요.
   I was fond of coffee. 전 커피를 좋아했어요.
6. I liked to read when I was at the park. 전 공원에 있을 때 독서하는 걸 좋아했어요.
   I liked to read when I was alone. 전 혼자 있을 때 독서하는 걸 좋아했어요.

UNIT 8　Hobbies and Habits (2)

p. 48 응용하기

1. When I am not busy, I feel depressed. 전 안 바쁠 때는 우울해요.
   When I am not busy, I snack a lot. 전 안 바쁠 때는 간식을 많이 먹어요.
2. It's hard to get up early in the morning. 아침에 일찍 일어나기가 힘들어요.
   It's hard to quit smoking. 담배 끊기가 힘들어요.
3. I have a habit of spitting. 전 침을 뱉는 버릇이 있어요.
   I have a habit of overeating junkfood. 전 정크푸드를 과식하는 버릇이 있어요.
4. What is your favorite food? (당신이) 가장 좋아하는 음식이 뭐예요?
   What is your favorite season? (당신이) 가장 좋아하는 계절이 뭐예요?

5 I am keen on playing tennis. 전 테니스 치는 걸 아주 좋아해요.
   I am keen on self-discipline. 전 자기 수양을 아주 좋아해요.
6 Almost every day I have a headache. 전 거의 매일 머리가 아파요.
   Almost every day I watch the sun set. 전 거의 매일 해 지는 걸 봐요.

p. 49 확장 응용하기
1 When she is not busy, she feels depressed. 그녀는 안 바쁠 때는 우울해요.
   When she is not busy, she snacks a lot. 그녀는 안 바쁠 때는 간식을 많이 먹어요.
2 It was hard to get up early in the morning. 아침에 일찍 일어나기가 힘들었어요.
   It was hard to quit smoking. 담배 끊기가 힘들었어요.
3 He doesn't have a habit of spitting. 그는 침을 뱉는 버릇이 없어요.
   He doesn't have a habit of overeating junkfood. 그는 정크푸드를 과식하는 버릇이 없어요.
4 What is his favorite food? 그가 가장 좋아하는 음식이 뭐예요?
   What is his favorite season? 그가 가장 좋아하는 계절이 뭐예요?
5 Are you keen on playing tennis? 테니스 치는 걸 아주 좋아해요?
   Are you keen on self-discipline? 자기 수양을 아주 좋아해요?
6 Almost every day I had a headache. 전 거의 매일 머리가 아팠어요.
   Almost every day I watched the sun set. 전 거의 매일 해 지는 걸 봤어요.

UNIT 9   Hobbies and Habits (3)

p. 52 응용하기
1 I get used to being alone. 전 혼자 있는 것에 익숙해요.
   I get used to my job. 전 제 일에 익숙해요.
2 I am well adapted to harsh climates. 전 혹독한 기후에 잘 적응됐어요.
   I am well adapted to time constraints. 전 시간 제약에 잘 적응됐어요.
3 He is frequently late. 그는 종종 지각해요.
   He is always late. 그는 항상 지각해요.
4 I never developed a taste for beer. 전 맥주에 대해선 취미를 전혀 못 붙였어요.
   I never developed a taste for hard liquor. 전 독주에 대해선 취미를 전혀 못 붙였어요.
5 Paris is growing on me. (전) 파리가 점점 좋아지고 있어요.
   Jane is growing on me. (전) 제인이 점점 좋아지고 있어요.
6 I am interested in your idea. 전 당신 생각에 관심이 있어요.
   I am interested in buying a house. 전 집을 사는 데 관심이 있어요.

p. 53 확장 응용하기
1 I got used to being alone. 전 혼자 있는 것에 익숙해졌었어요.
   I got used to my job. 전 제 일에 익숙해졌었어요.
2 I will be well adapted to harsh climates. 전 혹독한 기후에 잘 적응할 거예요.
   I will be well adapted to time constraints. 전 시간 제약에 잘 적응할 거예요.

3   Is he frequently late? 그는 종종 지각하나요?
    Is he always late? 그는 항상 지각하나요?
4   I developed a taste for beer. 전 맥주에 취미가 생겼어요.
    I developed a taste for hard liquor. 전 독주에 취미가 생겼어요.
5   Paris is growing on him. 그는 파리가 점점 좋아지고 있어요.
    Jane is growing on him. 그는 제인이 점점 좋아지고 있어요.
6   We were interested in your idea. 우리는 당신 생각에 관심이 있었어요.
    We were interested in buying a house. 우리는 집을 사는 데 관심이 있었어요.

UNIT 10 Appearance (1)

p. 56 응용하기
1   What does your wife look like? 당신 아내 인물은 어때요?
    What does his daughter look like? 그 사람 딸 인물은 어때요?
2   Her makeup is too thick. 그녀는 화장이 너무 짙어요.
    Her makeup is too light. 그녀는 화장이 너무 옅어요.
3   He looks so cute. 그는 아주 귀여워 보여요.
    He looks familiar. 그는 낯익어 보여요.
4   She looks young. 그녀는 젊어 보여요.
    She looks so skinny. 그녀는 아주 말라 보여요.
5   He is always perfectly proper in his behavior. 그는 늘 완벽하게 행동이 예의 발라요.
    He is always perfectly prepared. 그는 늘 완벽하게 준비되어 있어요.
6   He is slovenly in dress. 그는 옷차림이 칠칠맞아요.
    He is slovenly in speech. 그는 말투가 칠칠맞아요.

p. 57 확장 응용하기
1   What did your wife look like? 당신 아내 인물은 어땠어요?
    What did his daughter look like? 그 사람 딸 인물은 어땠어요?
2   Her makeup has been too thick. 그녀는 화장이 (예전부터 지금까지) 너무 짙어요.
    Her makeup has been too light. 그녀는 화장이 (예전부터 지금까지) 너무 옅어요.
3   Does he look so cute? 그는 아주 귀여워 보여요?
    Does he look familiar? 그는 낯익어 보여요?
4   She doesn't look young. 그녀는 젊어 보이지 않아요.
    She doesn't look so skinny. 그녀는 아주 말라 보이지 않아요.
5   He was always perfectly proper in his behavior. 그는 늘 완벽하게 행동이 예의 발랐어요.
    He was always perfectly prepared. 그는 늘 완벽하게 준비되어 있었어요.
6   He is not slovenly in dress. 그는 옷차림이 칠칠맞지 않아요.
    He is not slovenly in speech. 그는 말투가 칠칠맞지 않아요.

Unit 6–10 확인학습

1. She is generous to a fault.
2. I love taking pictures of myself.
3. It's hard to break bad habits.
4. He is habitually late.
5. Her makeup is too much.
6. He is always perfectly groomed.
7. I never developed a taste for coffee.
8. I have a habit of biting my fingers.
9. I am fond of jazz.
10. Don't be so stingy with money.
11. I get easily distracted.
12. When I am not busy, I watch TV.
13. This place is growing on me.
14. He is slovenly in attitude.
15. She looks gorgeous.
16. What does she look like?
17. I am well adapted to multitasking.
18. When I am not busy, I watch TV.
19. What is your hobby?
20. I don't like childish people.

UNIT 11 Appearance (2)

p. 62 응용하기

1. How tall is your sister? 당신 여동생은 키가 얼마예요?
   How tall is the statue of liberty? 자유의 여신상은 높이가 얼마예요?
2. You are taller than him. 그 사람보다 키 크시네요.
   You are taller than my brother. 저희 오빠보다 키 크시네요.
3. I fall in love easily. 전 쉽게 사랑에 빠져요.
   I learn languages easily. 전 언어를 쉽게 배워요.
4. It's hard to love enemies. 원수를 사랑하는 건 힘들어요.
   It's hard to understand his story. 그의 이야기를 이해하는 건 힘들어요.
5. You look so good in red. 붉은색으로 입으니까 아주 멋져 보여요.
   You look so good in white. 흰색으로 입으니까 아주 멋져 보여요.
6. Did you have your hair cut? 머리 깎았어요?
   Did you have your hair permed? 머리 파마했어요?

p. 63 확장 응용하기

1. How tall was your sister? 당신 여동생은 키가 얼마였어요?
   How tall was the Statue of Liberty? 자유의 여신상은 높이가 얼마였어요?

2   John is taller than him. 존이 그 사람보다 키가 더 커요.
    John is taller than my brother. 존이 저희 오빠보다 키가 더 커요.
3   I don't fall in love easily. 전 쉽게 사랑에 빠지지 않아요.
    I don't learn languages easily. 전 언어를 쉽게 못 배워요.
4   It's hard for me to love enemies. 저는 원수를 사랑하는 게 힘들어요.
    It's hard for me to understand his story. 저는 그의 이야기를 이해하는 게 힘들어요.
5   You didn't look so good in red. 붉은색으로 입으니까 아주 멋져 보이지 않았어요.
    You didn't look so good in white. 흰색으로 입으니까 아주 멋져 보이지 않았어요.
6   Do you regularly have your hair cut? 정기적으로 머리 깎아요?
    Do you regularly have your hair permed? 정기적으로 머리 파마해요?

UNIT 12 Appearance (3)

p. 66 응용하기

1   She has curly hair. 그녀는 머리가 곱슬이에요.
    She has brown hair. 그녀는 머리가 갈색이에요.
2   I have bad eyesight. 전 시력이 나빠요.
    I have good eyesight. 전 시력이 좋아요.
3   He is well-built and in shape. 그는 건장한데다 몸매가 좋아요.
    He is tall and in shape. 그는 키가 큰데다 몸매가 좋아요.
4   What's your first impression of my homepage? 제 홈페이지 첫 인상이 어때요?
    What's your first impression of Korea? 한국 첫 인상이 어때요?
5   I got a crush on the actor. 나 그 배우한테 홀딱 반했어.
    I got a crush on your brother. 나 너네 오빠한테 홀딱 반했어.
6   You are not my mother. 당신은 제 어머니가 아니에요.
    You are not my boss. 당신은 제 상사가 아니에요.

p. 67 확장 응용하기

1   Does she have curly hair? 그녀는 머리가 곱슬이에요?
    Does she have brown hair? 그녀는 머리가 갈색이에요?
2   I don't have bad eyesight. 전 시력이 나쁘지 않아요.
    I don't have good eyesight. 전 시력이 좋지 않아요.
3   Is he well-built and in shape? 그는 건장한데다 몸매가 좋아요?
    Is he tall and in shape? 그는 키가 큰데다 몸매가 좋아요?
4   What was your first impression of my homepage? 제 홈페이지 첫 인상이 어땠어요?
    What was your first impression of Korea? 한국 첫 인상이 어땠어요?
5   Did she get a crush on the actor? 그녀가 그 배우한테 홀딱 반했니?
    Did she get a crush on your brother? 그녀가 너네 오빠한테 홀딱 반했었니?
6   You are my mother. 당신이 제 어머니에요.
    You are my boss. 당신이 제 상사예요.

UNIT 13 Food (1)

p. 70 응용하기

1. I like seafood because it is delicious. 맛있어서 전 해산물 좋아해요.
   I like seafood because it's easy to digest. 소화하기 쉬워서 전 해산물 좋아해요.
2. I don't like spicy food. 전 매운 음식 안 좋아해요.
   I don't like fishy food. 전 비린 음식 안 좋아해요.
3. Have you ever tried Italian food? 이탈리아 음식 먹어 본 적 있어요?
   Have you ever tried Greek food? 그리스 음식 먹어 본 적 있어요?
4. Are you a good swimmer? 수영 잘해요?
   Are you a good dancer? 무용 잘해요?
5. This is a bit sweet to my taste. 이거 제 입맛엔 좀 달아요.
   This is a bit spicy to my taste. 이거 제 입맛엔 좀 매워요.
6. Talking about food makes my mouth water. 음식에 대해 말만 해도 입에 침이 고여요.
   Seeing it makes my mouth water. 보기만 해도 입에 침이 고여요.

p. 71 확장 응용하기

1. She likes seafood because it is delicious. 맛있어서 그녀는 해산물 좋아해요.
   She likes seafood because it's easy to digest. 소화하기 쉬워서 그녀는 해산물 좋아해요.
2. I liked spicy food. 전 매운 음식 좋아했어요.
   I liked fishy food. 전 비린 음식 좋아했어요.
3. Have you ever eaten Italian food? 이탈리아 음식 먹은 적 있어요?
   Have you ever eaten Greek food? 그리스 음식 먹은 적 있어요?
4. Aren't you a good swimmer? 수영 잘하지 않아요?
   Aren't you a good dancer? 무용 잘하지 않아요?
5. This is too sweet to my taste. 이거 제 입맛엔 너무 달아요.
   This is too spicy to my taste. 이거 제 입맛엔 너무 매워요.
6. Talking about food made my mouth water. 음식에 대해 말만 해도 입에 침이 고였어요.
   Seeing it made my mouth water. 보기만 해도 입에 침이 고였어요.

UNIT 14 Food (2)

p. 74 응용하기

1. The barbecue there is amazing. 그곳 바비큐가 끝내줘요.
   The pizza there is amazing. 그곳 피자가 끝내줘요.
2. I like to eat in. 전 안에서 먹는 게 좋아요.
   I like to eat out. 전 밖에서 먹는 게 좋아요.
3. The milk went bad before the use by date. 소비 기한 전에 우유가 상했어요.
   The bread went bad before the use by date. 소비 기한 전에 빵이 상했어요.
4. The salmon smelled strange. 연어에서 이상한 냄새가 났어요.
   The salmon smelled so good. 연어에서 아주 좋은 냄새가 났어요.

5 What kind of music do you like the best? 어떤 종류의 음악을 가장 좋아하세요?
　　What kind of dog breed do you like the best? 어떤 종류의 개 품종을 가장 좋아하세요?
6 I have never had crab meat. 전 한번도 게살을 먹어 본 적이 없어요.
　　I have never had lobster. 전 한번도 바다가재를 먹어 본 적이 없어요.

p. 75 확장 응용하기
1 The barbecue here is amazing. 이곳 바비큐가 끝내줘요.
　　The pizza here is amazing. 이곳 피자가 끝내줘요.
2 I would like to eat in. 전 안에서 먹고 싶어요.
　　I would like to eat out. 전 밖에서 먹고 싶어요.
3 The milk seems to go bad before the use by date. 소비 기한 전에 우유가 상하는 것 같아요.
　　The bread seems to go bad before the use by date. 소비 기한 전에 빵이 상하는 것 같아요.
4 The salmon tasted strange. 연어에서 이상한 맛이 났어요.
　　The salmon tasted so good. 연어에서 아주 좋은 맛이 났어요.
5 What sort of music do you like the best? 어떤 종류의 음악을 가장 좋아하세요?
　　What sort of dog breed do you like the best? 어떤 종류의 개 품종을 가장 좋아하세요?
6 She has never had crab meat. 그녀는 한번도 게살을 먹어 본 적이 없어요.
　　She has never had lobster. 그녀는 한번도 바다가재를 먹어 본 적이 없어요.

UNIT 15 Studying (1)

p. 78 응용하기
1 I have a major in mathematics. 전 수학 전공이에요.
　　I have a major in computer science. 전 컴퓨터 공학 전공이에요.
2 My school grades are dropping. 제 학교 성적이 떨어지고 있어요.
　　My school grades are average. 제 학교 성적은 평균이에요.
3 I study hard but still get low marks. 전 공부 열심히 하는데 여전히 성적이 나빠요.
　　I study hard but still fail the exam. 전 공부 열심히 하는데 여전히 시험에 떨어져요.
4 She failed in her life. 그녀는 자기 인생에서 실패했어요.
　　She failed in Spanish. 그녀는 스페인어에서 낙제했어요.
5 What is your favorite extracurricular activity? 가장 좋아하는 특별 활동이 뭐예요?
　　What is your favorite time to study? 가장 좋아하는 공부 시간이 뭐예요?
6 She got good grades. 그녀는 좋은 성적을 받았어요.
　　She got bad grades. 그녀는 나쁜 성적을 받았어요.

p. 79 확장 응용하기
1 I will have a major in mathematics. 전 수학 전공할 거예요.
　　I will have a major in computer science. 전 컴퓨터 공학 전공할 거예요.
2 Are your school grades dropping? 당신 학교 성적이 떨어지고 있어요?
　　Are your school grades average? 당신 학교 성적은 평균이에요?

3   He studies hard but still gets low marks. 그는 공부 열심히 하는데 여전히 성적이 나빠요.
    He studies hard but still fails the exam. 그는 공부 열심히 하는데 여전히 시험에 떨어져요.
4   She didn't fail in her life. 그녀는 자기 인생에서 실패하지 않았어요.
    She didn't fail in Spanish. 그녀는 스페인어에서 낙제하지 않았어요.
5   What is his favorite extracurricular activity? 그가 가장 좋아하는 특별 활동이 뭐예요?
    What is his favorite time to study? 그가 가장 좋아하는 공부 시간이 뭐예요?
6   She got good grades last semester. 그녀는 지난 학기에 좋은 성적을 받았어요.
    She got bad grades last semester. 그녀는 지난 학기에 나쁜 성적을 받았어요.

Unit 11–15 확인학습

1   You look so good in black.
2   You are not my type.
3   Have you ever tried Vietnamese food?
4   The steak there is amazing.
5   I have a major in economics.
6   I study hard but still get bad grades.
7   The meat went bad before the use by date.
8   I don't like greasy food.
9   He is muscular and in shape.
10 You are taller than me.
11 Did you have your hair done?
12 What's your first impression of me?
13 Are you a good cook?
14 I like to eat at home.
15 She failed in the math exam.
16 She got straight A's.
17 The salmon smelled fishy.
18 Thinking of it makes my mouth water.
19 I have poor eyesight.
20 It's hard to lose weight.

UNIT 16 Studying (2)

p. 84 **응용하기**

1   I need to take 20 credits. 전 20학점을 들어야 해요.
    I need to take six subjects. 전 여섯 과목을 들어야 해요.
2   I took the economics class. 전 그 경제학 수업을 들었어요.
    I took liberal arts courses. 전 교양 강좌 수업들을 들었어요.
3   There are many courses offered in English. 영어로 제공되는 수업이 많이 있어요.
    There are many famous professors. 유명한 교수님들이 많이 있어요.

4　I enrolled in a new course. 전 새로 생긴 강좌에 등록했어요.
　　I enrolled in Yale Law School. 전 예일대 법학대학원에 등록했어요.
5　The school outing was cancelled. 학교 소풍이 취소되었어요.
　　The trip was cancelled. 여행이 취소되었어요.
6　Do you know how to write an essay well? 에세이 잘 쓰는 법 알아요?
　　Do you know how to write a letter well? 편지 잘 쓰는 법 알아요?

p. 85 확장 응용하기

1　I needed to take 20 credits. 전 20학점을 들어야만 했어요.
　　I needed to take six subjects. 전 여섯 과목을 들어야만 했어요.
2　I have taken the economics class. 전 그 경제학 수업을 (예전부터 지금까지) 듣고 있어요.
　　I have taken liberal arts courses. 전 교양 강좌 수업들을 (예전부터 지금까지) 듣고 있어요.
3　There are a few courses offered in English. 영어로 제공되는 수업이 몇 개 있어요.
　　There are a few famous professors. 유명한 교수님들이 몇 분 있어요.
4　I wasn't able to enroll in a new course. 전 새로 생긴 강좌에 등록할 수가 없었어요.
　　I wasn't able to enroll in Yale Law School. 전 예일대 법학대학원에 등록할 수가 없었어요.
5　The school outing may be cancelled. 학교 소풍이 취소될 지도 몰라요.
　　The trip may be cancelled. 여행이 취소될 지도 몰라요.
6　Does she know how to write an essay well? 그녀는 에세이 잘 쓰는 법 알아요?
　　Does she know how to write a letter well? 그녀는 편지 잘 쓰는 법 알아요?

UNIT 17 School Life (1)

p. 88 응용하기

1　Have you ever applied for a passport? 여권 신청해 본 적 있어요?
　　Have you ever applied for a student finance? 학생 재정 원조 신청해 본 적 있어요?
2　Why did he drop out of high school? 그 사람 왜 고등학교 중퇴했어요?
　　Why did he drop out of university? 그 사람 왜 대학교 중퇴했어요?
3　Were you involved in any class discussions? 학급 토론에 참여했어요?
　　Were you involved in any extracurricular activities? 방과후 활동에 참여했어요?
4　Were you a good student at school? 학교에서 모범생이었어요?
　　Were you a naughty student at school? 학교에서 말 안 듣는 학생이었어요?
5　The professor handed out the course syllabus. 교수님이 강의 계획서를 나눠 주셨어요.
　　The professor handed out the test papers. 교수님이 시험지를 나눠 주셨어요.
6　I signed up for a fitness class. 저 체육 수업 신청했어요.
　　I signed up for a cooking class. 저 요리 수업 신청했어요.

p. 89 확장 응용하기

1　Are you going to apply for a passport? 여권 신청할 거예요?
　　Are you going to apply for a student finance? 학생 재정 원조 신청할 거예요?

2 Did you drop out of high school? 당신, 고등학교 중퇴했어요?
　　Did you drop out of university? 당신, 대학교 중퇴했어요?
3 Have you been involved in any class discussions? 학급 토론에 참여해 왔나요?
　　Have you been involved in any extracurricular activities? 방과후 활동에 참여해 왔나요?
4 She wasn't a good student at school. 그녀는 학교에서 모범생이 아니었어요.
　　She wasn't a naughty student at school. 그녀는 학교에서 말 안 듣는 학생이 아니었어요.
5 Did the professor hand out the course syllabus? 교수님이 강의 계획서를 나눠 주셨어요?
　　Did the professor hand out the test papers? 교수님이 시험지를 나눠 주셨어요?
6 Did you sign up for a fitness class? 체육 수업 신청했나요?.
　　Did you sign up for a cooking class? 요리 수업 신청했나요?

UNIT 18 School Life (2)

p. 92 응용하기
1 I graduated from college last year. 전 작년에 대학 졸업했어요.
　　I graduated from graduate school last year. 전 작년에 대학원 졸업했어요.
2 I had an annoying sister. 귀찮게 하는 여동생이 한 명 있었죠.
　　I had an annoying twitter friend. 귀찮게 하는 트위터 친구가 한 명 있었죠.
3 The summer vacation is drawing near. 여름 방학이 다가오고 있어요.
　　The summer vacation is coming to an end. 여름 방학이 끝나가고 있어요.
4 The prom is held every year. 졸업생 파티는 매년 열려요.
　　The prom is tomorrow. 졸업생 파티가 내일이에요.
5 I left school early because I threw up. 토해서 전 조퇴했어요.
　　I left school early because I had a cold. 감기 걸려서 전 조퇴했어요.
6 She was expelled from school. 그녀는 학교에서 퇴학당했어요.
　　She was absent from school. 그녀는 학교에 결석했어요.

p. 93 확장 응용하기
1 I finished college last year. 전 작년에 대학 마쳤어요.
　　I finished graduate school last year. 전 작년에 대학원 마쳤어요.
2 I have never had an annoying sister. 귀찮게 하는 여동생이 있었던 적이 한번도 없었어요.
　　I have never had an annoying twitter friend. 귀찮게 하는 트위터 친구가 있었던 적이 한번도 없었어요.
3 Is the summer vacation drawing near? 여름 방학이 다가오고 있어요?
　　Is the summer vacation coming to an end? 여름 방학이 끝나가고 있어요?
4 The prom was held every year. 졸업생 파티는 매년 열렸어요.
　　The prom was tomorrow. 졸업생 파티가 내일이었요.
5 I will leave school early because I throw up. 토해서 조퇴할 거예요.
　　I will leave school early because I have a cold. 감기 걸려서 조퇴할 거예요.
6 Were you expelled from school? 너 학교에서 퇴학당했니?
　　Were you absent from school? 너 학교에 결석했니?

UNIT 19 Work, Employment & Company (1)

p. 96 응용하기

1. What do you do for exercise? 운동 뭐 하세요?
   What do you do for a part-time job? 아르바이트 뭐 하세요?
2. I work for a small company. 조그마한 회사에서 일해요.
   I work for a charity. 자선단체에서 일해요.
3. It took me a year to master Japanese. 저 일본어 마스터하는 데 일년 걸렸어요.
   It took me a year to decide. 저 결정하는 데 일년 걸렸어요.
4. I sent the report by e-mail. 저 이메일로 보고서 보냈어요.
   I sent the schedule by e-mail. 저 이메일로 일정표 보냈어요.
5. Did you drop off the packages in person? 소포들을 직접 가져다 주었어요?
   Did you drop off the dog at the vet's in person? 개를 동물병원에 직접 가져다 주었어요?
6. She was hired by an IT company. 그녀는 IT기업에 고용되었어요.
   She was hired as a receptionist. 그녀는 리셉셔니스트로 고용되었어요.

p. 99 확장 응용하기

1. What will you do for exercise? 운동 뭐 하실 거예요?
   What will you do for a part-time job? 아르바이트 뭐 하실 거예요?
2. I used to work for a small company. 조그마한 회사에서 일했었어요.
   I used to work for a charity. 자선단체에서 일했었어요.
3. It takes a long time to master Japanese. 일본어 마스터하는 데 시간이 많이 걸려요.
   It takes a long time to decide. 결정하는 데 시간이 많이 걸려요.
4. I was told to send the report by e-mail. 이메일로 보고서 보내라고 들었어요.
   I was told to send the schedule by e-mail. 이메일로 일정표 보내라고 들었어요.
5. Does she drop off the packages in person? 그녀는 소포들을 직접 가져다 주나요?
   Does she drop off the dog at the vet's in person? 그녀는 개를 동물병원에 직접 가져다 주나요?
6. She has been hired by an IT company. 그녀는 IT기업에 (계속) 고용된 상태예요.
   She has been hired as a receptionist. 그녀는 리셉셔니스트로 (계속) 고용된 상태예요.

UNIT 20 Work, Employment & Company (2)

p. 100 응용하기

1. My supervisor is picky. 제 상관은 까다로워요.
   My supervisor is always late. 제 상관은 늘 지각해요.
2. My colleagues are jealous of me. 제 동료들은 저를 질투해요.
   My colleagues are horrible. 제 동료들은 끔찍해요.
3. She is out of town today. 그녀는 오늘 출장이에요.
   She is not at her desk today. 그녀는 오늘 자리에 없어요.
4. One of my coworkers is really grumpy. 동료 중 하나는 정말 성격이 안 좋아요.
   One of my coworkers is really rude. 동료 중 하나는 정말 무례해요.

5 I got tied up with the routine. 판에 박힌 일과 때문에 전 꼼짝 못했죠.
　　I got tied up with something else. 그 밖의 다른 일 때문에 전 꼼짝 못했죠.
6 I have a stressful day. 전 스트레스가 많은 하루를 보내요.
　　I have a stressful week. 전 스트레스가 많은 한 주를 보내요.

p. 101 확장 응용하기
1 Is your supervisor picky? 당신 상관은 까다로워요?
　　Is your supervisor always late? 당신 상관은 늘 지각해요?
2 My colleagues are not jealous of me. 제 동료들은 저를 질투하지 않아요.
　　My colleagues are not horrible. 제 동료들은 끔찍하지 않아요.
3 She was out of town today. 그녀는 오늘 출장 갔어요.
　　She was not at her desk today. 그녀는 오늘 자리에 없었어요.
4 One of my coworkers has been really grumpy. 동료 중 하나는 정말 (과거부터 지금까지) 성격이 안 좋아요.
　　One of my coworkers has been really rude. 동료 중 하나는 정말 (과거부터 지금까지) 무례해요.
5 I became tied up with the routine. 판에 박힌 일과 때문에 전 꼼짝 못하게 됐었죠.
　　I became tied up with something else. 그 밖의 다른 일 때문에 전 꼼짝 못하게 됐었죠.
6 I had a stressful day. 전 스트레스가 많은 하루를 보냈어요.
　　I had a stressful week. 전 스트레스가 많은 한 주를 보냈어요.

Unit 16-20 확인학습
1 I need to take three required courses.
2 Have you ever applied for a scholarship?
3 I graduated from high school last year.
4 What do you do for a living?
5 My supervisor is impartial.
6 She is off today.
7 It took me a year to find a job.
8 I had an annoying classmate.
9 Why did he drop out of school?
10 I took a psychology course.
11 The class was cancelled.
12 Were you a model student at school?
13 I left school early because I felt sick.
14 I work for an advertising agency.
15 One of my coworkers is really grouchy.
16 I have a stressful job.
17 What do you do for a living?
18 She was suspended from school.
19 Have you ever applied for a scholarship?
20 I enrolled in an elective course.

UNIT 21 Work, Employment & Company (3)

p. 106 응용하기

1   Do you work on weekends? 주말에 일하세요?
    Do you work at this hotel? 이 호텔에서 일하세요?
2   He is away on vacation. 그는 휴가 차 자리 비운 상태예요.
    He is away on a journey. 그는 여행 차 자리 비운 상태예요.
3   I was so tired last night. 저 어젯밤에 너무 피곤했어요.
    I was busy last night. 저 어젯밤에 바빴어요.
4   Do you get along with your siblings? 형제자매랑 사이 좋아요?
    Do you get along with your neighbors? 이웃들이랑 사이 좋아요?
5   She asked for my help. 그녀가 제 도움을 요청했어요.
    She asked for my advice on that matter. 그녀가 그 문제에 대해 제 조언을 요청했어요.
6   Does your company cover travel expenses? 당신 회사에서는 여행비 내줘요?
    Does your company cover hospital expenses? 당신 회사에서는 병원비 내줘요?

p. 107 확장 응용하기

1   Do you have to work on weekends? 주말에 일해야 해요?
    Do you have to work at this hotel? 이 호텔에서 일해야 해요?
2   He has been away on vacation. 그는 (과거부터 지금까지) 휴가 차 자리 비운 상태예요.
    He has been away on a journey. 그는 (과거부터 지금까지) 여행 차 자리 비운 상태예요.
3   Were you so tired last night? 당신 어젯밤에 너무 피곤했어요?
    Were you busy last night? 당신 어젯밤에 바빴어요?
4   Does she get along with her siblings? 그녀는 자기 형제자매랑 사이 좋아요?
    Does she get along with her neighbors? 그녀는 자기 이웃들이랑 사이 좋아요?
5   She will ask for my help. 그녀가 제 도움을 요청할 거예요.
    She will ask for my advice on that matter. 그녀가 그 문제에 대해 제 조언을 요청할 거예요.
6   Is your company going to cover travel expenses? 당신 회사에서 여행비 내 줄 건가요?
    Is your company going to cover hospital expenses? 당신 회사에서 병원비 내 줄 건가요?

UNIT 22 Work, Employment & Company (4)

p. 110 응용하기

1   He had a drink after a tough day. 그는 힘겨운 하루를 보낸 후에 한잔했어요.
    He had a drink after a walk. 그는 산책 후에 한잔했어요.
2   I was fired for poor performance. 전 성과가 안 좋아서 해고당했어요.
    I was fired for being late. 전 지각해서 해고당했어요.
3   He is moving to Canada. 그는 캐나다로 옮겨요.
    He is moving to Tokyo. 그는 도쿄로 옮겨요.

4 I will retire soon and travel around the world. 전 곧 은퇴하고 세계 일주 여행을 할 거예요.
   I will retire soon and start to receive my pension. 전 곧 은퇴하고 연금을 받기 시작할 거예요.
5 He has been transferred to Miami. 그는 마이애미로 전근갔어요.
   He has been transferred to New York. 그는 뉴욕으로 전근갔어요.
6 Are you satisfied with your appearance? 당신 외모에 만족해요?
   Are you satisfied with your character? 당신 성격에 만족해요?

p. 111 확장 응용하기
1 He sometimes had a drink after a tough day. 그는 힘겨운 하루를 보낸 후에 가끔씩 한잔했어요.
   He sometimes had a drink after a walk. 그는 산책 후에 가끔씩 한잔했어요.
2 They fired me for poor performance. 그들은 성과가 안 좋다고 절 해고했어요.
   They fired me for being late. 그들은 지각한다고 절 해고했어요.
3 We are moving to Canada. 우리는 캐나다로 옮겨요.
   We are moving to Tokyo. 우리는 도쿄로 옮겨요.
4 They will retire soon and travel around the world. 그들은 곧 은퇴하고 세계 일주 여행을 할 거예요.
   They will retire soon and start to receive their pension. 그들은 곧 은퇴하고 연금을 받기 시작할 거예요.
5 He was transferred to Miami. 그는 마이애미로 전근 갔어요.
   He was transferred to New York. 그는 뉴욕으로 전근 갔어요.
6 Aren't you satisfied with your appearance? 당신 외모에 만족하지 않아요?
   Aren't you satisfied with your character? 당신 성격에 만족하지 않아요?

UNIT 23 Vacation/Holiday (1)

p. 114 응용하기
1 Are you here alone? 여기에 혼자 왔어요?
   Are you here on business? 여기에 사업 차 왔어요?
2 What did you do after work yesterday? 어제 일 끝나고 뭐 했어요?
   What did you do last weekend? 지난 주말에 뭐 했어요?
3 I don't enjoy spending time with my dad. 전 아빠랑 시간 보내는 것 안 좋아해요.
   I don't enjoy a tear-jerker. 전 눈물 콧물 빼는 영화 안 좋아해요.
4 I've been to Vancouver for a few days. 저 며칠 밴쿠버에 다녀왔어요.
   I've been to Osaka for a few days. 저 며칠 오사카에 다녀왔어요.
5 Where is the best place to live in the world? 세계에서 최고로 살기 좋은 곳은 어디예요?
   Where is the best university in the world? 세계 최고의 대학은 어디예요?
6 I prefer travelling with friends. 전 (다른 것보다) 친구와 여행하는 걸 더 좋아해요.
   I prefer travelling by train. 전 (다른 것보다) 기차로 여행하는 걸 더 좋아해요.

p. 115 확장 응용하기
1 Were you here alone? 여기에 혼자 왔었어요?
   Were you here on business? 여기에 사업 차 왔었어요?

2 What did you eat after work yesterday? 어제 일 끝나고 뭐 먹었어요?
   What did you eat last weekend? 지난 주말에 뭐 먹었어요?
3 I haven't enjoyed spending time with my dad. 전 (과거부터 지금까지) 아빠랑 시간 보내는 것 안 좋아해요.
   I haven't enjoyed a tear-jerker. 전 (과거부터 지금까지) 눈물 콧물 빼는 영화 안 좋아해요.
4 Jane's been to Vancouver for a few days. 제인은 며칠 밴쿠버에 다녀왔어요.
   Jane's been to Osaka for a few days. 제인은 며칠 오사카에 다녀왔어요.
5 Do you know where the best place to live in the world is? 세계에서 최고로 살기 좋은 곳이 어디인지 아세요?
   Do you know where the best university in the world is? 세계 최고의 대학이 어디인지 아세요?
6 I want to travel with friends. 전 친구와 여행하고 싶어요.
   I want to travel by train. 전 기차로 여행하고 싶어요.

UNIT 24 Vacation/Holiday (2)

p. 118 **응용하기**
1 I need time to think. 전 생각할 시간이 필요해요.
   I need time to be alone. 전 혼자 있을 시간이 필요해요.
2 Did you have good weekends usually? 대체로 주말 잘 보냈어요?
   Did you have time to sleep? 잠 잘 시간은 있었어요?
3 I want to travel the world. 전 세계를 여행하고 싶어요.
   I want to travel abroad. 전 해외로 여행하고 싶어요.
4 He took a trip to Vancouver once. 그는 밴쿠버에 한 번 여행 갔었어요.
   He took a trip to the Philippines once. 그는 필리핀에 한 번 여행 갔었어요.
5 I'd love to help plan your wedding. 내가 당신 결혼식 일정 짜는 걸 도와줄게요.
   I'd love to help plan your trip. 내가 당신 여행 일정 짜는 걸 도와줄게요.
6 The food at the hotel was excellent. 호텔 음식이 아주 좋았어요.
   The atmosphere at the hotel was excellent. 호텔 분위기가 아주 좋았어요.

p. 119 **확장 응용하기**
1 I might need time to think. 전 생각할 시간이 필요할 지도 몰라요.
   I might need time to be alone. 전 혼자 있을 시간이 필요할 지도 몰라요.
2 Do you have good weekends usually? 대체로 주말 잘 보내는 편이에요?
   Do you have time to sleep? 잠 잘 시간은 있는 거예요?
3 Do you want to travel the world? 당신은 세계를 여행하고 싶어요?
   Do you want to travel abroad? 당신은 해외로 여행하고 싶어요?
4 Didn't you take a trip to Vancouver once? 당신, 밴쿠버에 한 번 여행 가지 않았나요?
   Didn't you take a trip to the Philippines once? 당신, 필리핀에 한 번 여행 가지 않았나요?
5 I don't want to help plan your wedding. 나, 당신 결혼식 일정 짜는 것 도와주고 싶지 않아요.
   I don't want to help plan your trip. 나, 당신 여행 일정 짜는 것 도와주고 싶지 않아요.
6 Was the food at the hotel excellent? 호텔 음식이 아주 좋았어요?
   Was the atmosphere at the hotel excellent? 호텔 분위기가 아주 좋았어요?

UNIT 25 Vacation/Holiday (3)

p. 122 **응용하기**
1. I need to talk to you. 전 당신에게 말해야 해요.
   I need to buy a new laptop. 전 노트북 새로 사야 해요.
2. It doesn't feel like home. 집 같지가 않아요.
   It doesn't feel like we're dating. 우리 데이트하는 것 같지가 않아요.
3. The trip was not that bad. 여행은 그다지 나쁘지 않았어요.
   The trip was not that exciting. 여행은 그다지 흥미진진하지 않았어요.
4. I wish I could be there. 내가 거기 있으면 좋겠어요.
   I wish you could come. 당신이 오면 좋겠어요.
5. I totally relax here. 전 여기에서 정말 푹 쉬어요.
   I totally relax in nature. 전 자연 속에서 정말 푹 쉬어요.
6. I am excited about going there. 거기에 간다니 흥분되네요.
   I am excited about meeting her. 그녀를 만난다니 흥분되네요.

p. 123 **확장 응용하기**
1. Does she need to talk to you? 그녀는 당신에게 말해야 해요?
   Does she need to buy a new laptop? 그녀는 노트북 새로 사야 해요?
2. It didn't feel like home. 집 같지가 않았어요.
   It didn't feel like we're dating. 우리 데이트하는 것 같지가 않았어요.
3. The trip wasn't that bad. 여행은 그다지 나쁘지 않았어요.
   The trip wasn't that exciting. 여행은 그다지 흥미진진하지 않았어요.
4. I wish I could be there. 내가 거기 있으면 좋겠어요.
   I wish you could come. 당신이 오면 좋겠어요.
5. I just totally relax here. 전 여기에서 그냥 정말 푹 쉬어요.
   I just totally relax in nature. 전 자연 속에서 그냥 정말 푹 쉬어요.
6. I am not that excited about going there. 거기에 간다는 게 그렇게까지 흥분되지는 않아요
   I am not that excited about meeting her. 그녀를 만난다는 게 그렇게까지 흥분되지는 않아요

Unit 21-25 확인학습
1. Do you work overtime at night?
2. He had a drink after work.
3. Are you here on vacation?
4. I need time to refresh myself.
5. I need to take a rest.
6. It doesn't feel like Christmas.
7. I don't enjoy family gatherings on weekends.
8. Did you have a good vacation?
9. I was fired for no reason.
10. He is away on a business trip.

11 I was on duty last night.
12 He is moving to another company.
13 I've been to Shanghai for a few days.
14 He took a trip to Norway once.
15 I wish it could be Christmas every day.
16 I am excited about going on holiday.
17 I'd love to help plan your itinerary.
18 I prefer travelling during the holidays.
19 He has been transferred to Chicago.
20 Does your company cover mobile phone expenses?

UNIT 26 Health, Disease & Symptom (1)

p. 128 **응용하기**

1 I am in good shape. 전 몸 상태가 좋아요.
   I am in good condition. 전 컨디션이 좋아요.
2 Are you under pressure? 압박을 받는 편이에요?
   Are you under stress? 스트레스를 받는 편이에요?
3 I am fit but my face looks pale. 전 건강하기는 한데 얼굴이 창백해 보여요.
   I am fit but my skin is rough. 전 건강하기는 한데 피부가 거칠어요.
4 I am slim but I have big thighs. 전 날씬한데 허벅지가 두꺼워요.
   I am slim but I have a potbelly. 전 날씬한데 배가 볼록 나왔어요.
5 You need to see a specialist. 전문의한테 진찰을 받아 보셔야겠어요.
   You need to see a therapist. 치료사를 만나 보셔야겠어요.
6 Be careful not to slip. 미끄러지지 않게 조심하세요.
   Be careful not to burn yourself. 데이지 않게 조심하세요.

p. 129 **확장 응용하기**

1 I am not in good shape. 전 몸 상태가 안 좋아요.
   I am not in good condition. 전 컨디션이 안 좋아요.
2 Have you been under pressure? (과거부터 지금까지) 계속 압박을 받고 있어요?
   Have you been under stress? (과거부터 지금까지) 계속 스트레스를 받고 있어요?
3 I was fit but my face looked pale. 전 건강했지만 얼굴이 창백해 보였어요.
   I was fit but my skin was rough. 전 건강했지만 피부가 거칠었어요.
4 She is slim but she has big thighs. 그녀는 날씬한데 허벅지가 두꺼워요.
   She is slim but she has a potbelly. 그녀는 날씬한데 배가 볼록 나왔어요.
5 You should see a specialist. 전문의한테 진찰을 받는 게 좋겠어요.
   You should see a therapist. 치료사를 만나 보는 게 좋겠어요.
6 You should be careful not to slip. 미끄러지지 않게 조심하는 게 좋겠어요.
   You should be careful not to burn yourself. 데이지 않게 조심하는 게 좋겠어요.

UNIT 27 Health, Disease & Symptom (2)

p. 132 응용하기
1. I have a stomach ache now. 저 지금 배가 아파요.
   I have flu now. 저 지금 독감 걸렸어요.
2. My mom was sick in bed with asthma. 엄마가 천식으로 앓아 누우셨었어요.
   My mom was sick in bed with worry. 엄마가 걱정으로 앓아 누우셨었어요.
3. I have pain in my joint. 관절에 통증이 있어요.
   I have a migraine. 편두통이 있어요.
4. I had a sore stomach and sore throat. 속이 쓰리고 목이 따끔거리고 아팠어요.
   I had a sore stomach and nausea. 속이 쓰리고 메스꺼웠어요.
5. I am struggling with chronic fatigue. 전 만성피로에 시달리고 있어요.
   I am struggling with depression. 전 우울증에 시달리고 있어요.
6. He died of stomach cancer. 그는 위암으로 죽었어요.
   He died of liver cancer. 그는 간암으로 죽었어요.

p. 133 확장 응용하기
1. Does she have a stomach ache now? 그녀는 지금 배가 아파요?
   Does she have flu now? 그녀는 지금 독감 걸렸어요?
2. My mom has been sick in bed with asthma. 엄마가 (예전부터 계속) 천식으로 앓아 누우셨어요.
   My mom has been sick in bed with worry. 엄마가 (예전부터 계속) 걱정으로 앓아 누우셨어요.
3. My son has pain in his joint. 우리 아들은 관절에 통증이 있어요.
   My son has a migraine. 우리 아들은 편두통이 있어요.
4. I have had a sore stomach and sore throat. (예전부터 지금까지) 속이 쓰리고 목이 따끔거리고 아팠어요.
   I have had a sore stomach and nausea. (예전부터 지금까지) 속이 쓰리고 메스꺼웠어요.
5. I was struggling with chronic fatigue. 전 만성피로에 시달리고 있었어요.
   I was struggling with depression. 전 우울증에 시달리고 있었어요.
6. He might die of stomach cancer. 그는 위암으로 죽을지도 몰라요.
   He might die of liver cancer. 그는 간암으로 죽을지도 몰라요.

UNIT 28 Health, Disease, & Symptom (3)

p. 136 응용하기
1. I go for a medical check-up once a year. 전 일년에 한 번 검진 받으러 가요.
   I go for a medical check-up annually. 전 매년마다 검진 받으러 가요.
2. I am in a bad mood. 저 기분이 나쁜 상태예요.
   I am in a hurry. 저 서두르고 있어요. (=저 바빠요.)
3. Nowadays I have been so busy. 요즘에 저 (계속) 매우 바쁜 상태예요.
   Nowadays I have been so tired. 요즘에 저 (계속) 매우 피곤한 상태예요.

4 He suffers from anxiety. 그는 분노를 겪고 있어요.
　　He suffers from depression. 그는 우울증을 앓고 있어요.

5 I have a severe cold. 전 감기가 심해요.
　　I have a severe toothache. 전 치통이 심해요.

6 He recovered from injury. 그는 부상에서 회복했어요.
　　He recovered from the shock. 그는 충격에서 회복했어요.

p. 137 확장 응용하기

1 He goes for a medical check-up once a year. 그는 일년에 한 번 검진 받으러 가요.
　　He goes for a medical check-up annually. 그는 매년마다 검진 받으러 가요.

2 She was in a bad mood. 그녀는 기분이 나쁜 상태였어요.
　　She was in a hurry. 그녀는 서두르고 있었어요. (=그녀는 바빴어요.)

3 Nowadays she has been so busy. 요즘에 그녀는 (계속) 매우 바쁜 상태예요.
　　Nowadays she has been so tired. 요즘에 그녀는 (계속) 매우 피곤한 상태예요.

4 Does he suffer from anxiety? 그는 분노하고 있나요?
　　Does he suffer from depression? 그는 우울증을 앓고 있나요?

5 I have had a severe cold. 전 (예전부터 지금까지) 감기가 심해요.
　　I have had a severe toothache. 전 (예전부터 지금까지) 치통이 심해요.

6 He is recovering from injury. 그는 부상에서 회복 중이에요.
　　He is recovering from the shock. 그는 충격에서 회복 중이에요.

UNIT 29 Exercise & Sports (1)

p. 140 응용하기

1 How often do you play golf? 얼마나 자주 골프 쳐요?
　　How often do you get a haircut? 얼마나 자주 머리 깎아요?

2 I don't feel like drinking beer. 맥주 마실 기분이 아니에요.
　　I don't feel like eating out. 외식할 기분이 아니에요.

3 Do you go to the library every day? 도서관에 매일 가요?
　　Do you go to the cafe every day? 카페에 매일 가요?

4 I run for 30 minutes every day to build muscle. 저는 근육 만들려고 매일 30분씩 뛰어요.
　　I eat lots of protein to build muscle. 저는 근육 만들려고 단백질을 많이 먹어요.

5 Drinking coffee is good for your heart. 커피 마시는 게 심장에 좋아요.
　　Red wine is good for your heart. 적포도주가 심장에 좋아요.

6 I take a shower every morning. 전 매일 아침애 샤워해요.
　　I take a bath every morning. 전 매일 아침에 목욕해요.

p. 141 확장 응용하기

1 How many times a month do you play golf? 한 달에 몇 번 골프 쳐요?
　　How many times a month do you get a haircut? 한 달에 몇 번 머리 깎아요?

2   I feel like drinking beer. 맥주 마실 기분이 나네요.
    I feel like eating out. 외식할 기분이 나네요.
3   Did you go to the library every day? 도서관에 매일 갔어요?
    Did you go to the cafe every day? 카페에 매일 갔어요?
4   I run for 30 minutes every day to build muscle. 저는 근육 만들려고 매일 30분씩 뛰어요.
    I eat lots of protein to build muscle. 저는 근육 만들려고 단백질을 많이 먹어요.
5   Drinking coffee is good for your heart. 커피 마시는 게 심장에 좋아요.
    Red wine is good for your heart. 적포도주가 심장에 좋아요.
6   I took a shower every morning. 전 매일 아침에 샤워했어요.
    I took a bath every morning. 전 매일 아침에 목욕했어요.

UNIT 30 Exercise & Sports (2)

p. 144 응용하기
1   Riding a bicycle is dangerous. 자전거 타는 건 위험해요.
    Riding a bicycle is a good way to work out. 자전거 타는 건 운동하는 좋은 방법이에요.
2   I am going mountain climbing. 저 등산하러 가는 중이에요.
    I am going swimming. 저 수영하러 가는 중이에요.
3   We hiked for hours, talking and laughing. 우리는 얘기하고 웃으면서 몇 시간 동안 하이킹을 했어요.
    We hiked for hours, enjoying nature. 우리는 자연을 즐기며 몇 시간 동안 하이킹을 했어요.
4   Massage is effective for back pain. 마사지가 요통에 효과적이에요.
    The medication is effective for back pain. 그 약물이 요통에 효과적이에요.
5   After an intense workout, I am so hungry. 격렬한 운동 후엔, 배가 아주 고파요.
    After an intense workout, I feel great. 격렬한 운동 후엔, 기분이 아주 좋아요.
6   I am heading to the accident scene. 전 사고 현장에 가는 중이에요.
    I am heading to his office. 전 그의 사무실에 가는 중이에요.

p. 145 확장 응용하기
1   A bicycle ride is dangerous. 자전거 타기는 위험해요.
    A bicycle ride is a good way to work out. 자전거 타기는 운동하는 좋은 방법이에요.
2   I went mountain climbing. 저 등산하러 갔었어요.
    I went swimming. 저 수영하러 갔었어요.
3   We have hiked for hours, talking and laughing. 우리는 얘기하고 웃으면서 몇 시간 동안 하이킹하고 있어요.
    We have hiked for hours, enjoying nature. 우리는 자연을 즐기며 몇 시간 동안 하이킹하고 있어요.
4   They say massage is effective for back pain. 사람들이 그러는데, 마사지가 요통에 효과적이래요.
    They say the medication is effective for back pain. 사람들이 그러는데, 그 약물이 요통에 효과적이래요.
5   After an intense workout, I was so hungry. 격렬한 운동 후엔, 배가 아주 고팠어요.
    After an intense workout, I felt great. 격렬한 운동 후엔, 기분이 아주 좋았어요.
6   I was heading to the accident scene. 전 사고 현장에 가는 중이었어요.
    I was heading to his office. 전 그의 사무실에 가는 중이었어요.

Unit 26–30 확인학습

1. Are you under the weather?
2. I have a high fever now.
3. I go for a medical check-up regularly.
4. How often do you exercise?
5. Riding a bicycle is good for your knees.
6. Yoga is effective for back pain.
7. I don't feel like working out.
8. Nowadays I have been depressed.
9. My mom was sick in bed.
10. I am fit but my stomach sticks out.
11. I am slim but I have high cholesterol.
12. I had a sore stomach and diarrhea.
13. He suffers from fatigue.
14. I lift weights to build muscle.
15. After an intense workout, I feel very good.
16. We hiked for hours, laughing all the way.
17. Aerobic exercise is good for your heart.
19. He recovered from stroke.
19. He died of lung cancer.
20. Be careful not to catch a cold.

UNIT 31 Exercise & Sports (3)

p. 150 응용하기

1. He plays soccer twice a week. 그는 일주일에 두 번 축구를 해요.
   He plays basketball twice a week. 그는 일주일에 두 번 농구를 해요.
2. Are you a wine enthusiast? 와인광이세요?
   Are you a sports car enthusiast? 스포츠카광이세요?
3. I am a big fan of FC Barcelona. 전 FC 바르셀로나 광팬이에요.
   I am a big fan of the Beatles. 전 비틀즈 광팬이에요.
4. Do you prefer spaghetti to pizza? 피자보다 스파게티를 더 좋아하세요?
   Do you prefer walking to driving? 운전하는 것보다 걷기를 더 좋아하세요?
5. It ended in a fight. (결국) 싸움으로 끝났어요.
   It ended in a failure. (결국) 실패로 끝났어요.
6. They won the game. 그들은 경기에 이겼어요.
   They participated in the game. 그들은 경기에 참가했어요.

p. 151 확장 응용하기

1. He likes to play soccer twice a week. 그는 일주일에 두 번 축구하는 걸 좋아해요.
   He likes to play basketball twice a week. 그는 일주일에 두 번 농구하는 걸 좋아해요.

2   I'm not a wine enthusiast. 전 와인광이 아니에요.
    I'm not a sports car enthusiast. 전 스포츠카광이 아니에요.
3   I used to be a big fan of FC Barcelona. 전 FC 바르셀로나 광팬이었어요.
    I used to be a big fan of the Beatles. 전 비틀즈 광팬이었어요.
4   Did you prefer spaghetti to pizza? 피자보다 스파게티를 더 좋아했어요?
    Did you prefer walking to driving? 운전하는 것보다 걷기를 더 좋아했어요?
5   It will end in a fight. (결국) 싸움으로 끝날 거예요.
    It will end in a failure. (결국) 실패로 끝날 거예요.
6   They might win the game. 그들이 경기에 이길지도 몰라요.
    They might participate in the game. 그들이 경기에 참가할지도 몰라요.

UNIT 32 Relationships (1)

p. 154 **응용하기**
1   She is in love with her nephew. 그녀는 자기 조카를 사랑해요.
    She is in love with her boyfriend. 그녀는 자기 남자친구를 사랑해요.
2   He is one of my best friends. 그 사람, 제 절친 중 하나예요.
    He is one of my colleagues. 그 사람, 제 동료 중 하나예요.
3   I didn't recognize his friend at first. 저 처음엔 그의 친구를 몰라봤어요.
    I didn't recognize her at first. 저 처음엔 그녀를 몰라봤어요.
4   I don't talk to anyone. 전 누구랑도 말 안 해요.
    I don't talk to my parents. 전 부모님이랑 말 안 해요.
5   My neighbor is very friendly. 제 이웃은 아주 친절해요.
    My neighbor is very mean. 제 이웃은 아주 못됐어요.
6   I asked her out for a drink. 전 그녀에게 술 한잔하자고 데이트 신청했어요.
    I asked her out for lunch. 전 그녀에게 점심 먹자고 데이트 신청했어요.

p. 155 **확장 응용하기**
1   I am in love with my nephew. 전 제 조카를 사랑해요.
    I am in love with my boyfriend. 전 제 남자친구를 사랑해요.
2   He was one of my best friends. 그 사람, 제 절친 중 하나였어요.
    He was one of my colleagues. 그 사람, 제 동료 중 하나였어요.
3   Did you recognize his friend at first? 당신, 처음에 그의 친구를 알아봤어요?
    Did you recognize her at first? 당신, 처음에 그녀를 알아봤어요?
4   I don't talk to anyone anymore. 전 더 이상 누구랑도 말 안 해요.
    I don't talk to my parents anymore. 전 더 이상 부모님이랑 말 안 해요.
5   One of my neighbors is very friendly. 제 이웃 중 한 명은 아주 친절해요.
    One of my neighbors is very mean. 제 이웃 중 한 명은 아주 못됐어요.
6   Why don't you ask her out for a drink? 그녀에게 술 한잔하자고 데이트 신청하는 게 어때요?
    Why don't you ask her out for lunch? 그녀에게 점심 먹자고 데이트 신청하는 게 어때요?

UNIT 33 Relationships (2)

p. 158 응용하기

1. I broke up with someone I loved. 저 제가 사랑했던 사람과 헤어졌어요.
   I broke up with my girlfriend. 저 여자친구랑 헤어졌어요.
2. I went on a family visit(. 저 가족 방문을 했어요.
   I went on a diet for the second time this year. 저 금년 들어 두 번째 다이어트 했어요.
3. I have known him for three years. 저 그 사람 3년 간 알고 지냈어요.
   I have known him since childhood. 저 그 사람 어렸을 때부터 알고 지냈어요.
4. I was dumped by the guy. 저 그 남자한테 차였어요.
   I was dumped by my ex. 저 전 여친/전 남친한테 차였어요.
5. He was cheating on me. 그가 저를 두고 바람을 피우고 있었더라고요.
   He was in love with me. 그가 저와 사랑에 빠졌더라고요.
6. Friends are better than money. 친구들이 돈보다 더 나아요.
   Friends are better than relatives. 친구들이 친척들보다 더 나아요.

p. 159 확장 응용하기

1. Do you know that I broke up with someone I loved? 제가 사랑했던 사람과 헤어진 것 알아요?
   Do you know that I broke up with my girlfriend? 저 여자친구랑 헤어진 것 알아요?
2. I am going to go on a family visit. 저 가족 방문을 할 거예요.
   I am going to go on a diet for the second time this year. 저 금년 들어 두 번째 다이어트 할 거예요.
3. She has known him for three years. 그녀는 그 사람 3년 간 알고 지냈어요.
   She has known him since childhood. 그녀는 그 사람 어렸을 때부터 알고 지냈어요.
4. I think I was dumped by the guy. 저 그 남자한테 차였던 것 같아요.
   I think I was dumped by my ex. 저 전 여친/전 남친한테 차였던 것 같아요. .
5. He is cheating on me. 그가 저를 두고 바람을 피우고 있더라고요.
   He is in love with me. 그가 저와 사랑에 빠져 있더라고요.
6. It is said that friends are better than money. 친구들이 돈보다 낫다고 해요.
   It is said that friends are better than relatives. 친구들이 친척들보다 낫다고 해요.

UNIT 34 Relationships (3)

p. 162 응용하기

1. I don't have close neighbors. 전 친한 이웃들이 없어요.
   I don't have close relatives. 전 친한 친척들이 없어요.
2. Have you ever heard from your customer? 당신 고객한테서 연락 받은 적 있어요?
   Have you ever heard from your aunt? 당신 이모한테서 연락 받은 적 있어요?
3. I got a prize. 저 상 받았어요.
   I got a lecture from my father. 저 아버지한테 일장연설을 들었어요.
4. I am still looking for true love. 전 아직도 진실한 사랑을 찾고 있어요.
   I am still looking for a roommate. 전 아직도 룸메이트를 찾고 있어요.

5   Why are you attracted to this position? 왜 이 직책에 끌리는 거예요?
    Why are you attracted to that man? 왜 저 남자에게 끌리는 거예요?
6   I have been married for a decade. 저 결혼한지 10년 됐어요.
    I have been married for half a year. 저 결혼한지 반년 됐어요.

p. 163 확장 응용하기
1   I do have close neighbors. 전 친한 이웃들이 정말 있다니까요.
    I do have close relatives. 전 친한 친척들이 정말 있다니까요.
2   Did you hear from your customer? 당신 고객한테서 연락 받았어요?
    Did you hear from your aunt? 당신 이모한테서 연락 받았어요?
3   Maybe I will get a prize. 아마 저 상 받을 거예요.
    Maybe I will get a lecture from my father. 아마 저 아버지한테 일장연설 들을 거예요.
4   Are you still looking for true love? 아직도 진실한 사랑을 찾고 있어요?
    Are you still looking for a roommate? 아직도 룸메이트를 찾고 있어요?
5   Why were you attracted to this position? 왜 이 직책에 끌렸나요?
    Why were you attracted to that man? 왜 저 남자에게 끌렸나요?
6   We have been married for a decade. 저희 결혼한지 10년 됐어요.
    We have been married for half a year. 저희 결혼한지 반년 됐어요.

UNIT 35 Daily Routines (1)

p. 166 응용하기
1   What are your daily plans? 매일 세우는 계획이 뭐예요?
    What are your daily goals? 매일 정하는 목표가 뭐예요?
2   I usually get up at around seven. 전 보통 일곱 시쯤에 일어나요.
    I usually get up at around half past six. 전 보통 여섯 시 반쯤에 일어나요.
3   I think of you every night. 전 매일 밤 당신을 생각해요.
    I have nightmares every night. 전 매일 밤 악몽을 꿔요.
4   I get to work by bus. 전 버스로 출근해요.
    I get to work on foot. 전 걸어서 출근해요.
5   After a busy morning, I catch up with my project. 분주한 오전이 지나면 제 프로젝트들을 처리해요.
    After a busy morning, I recharge myself with a cup of coffee. 분주한 오전이 지나면 커피 한 잔으로 재충전해요.
6   I seldom get mad. 전 거의 화를 내지 않아요.
    I seldom feel blue. 전 거의 우울해지지 않아요.

p. 167 확장 응용하기
1   Tell me your daily plans. 매일 세우는 계획을 말해 주세요.
    Tell me your daily goals. 매일 정하는 목표를 말해 주세요.
2   I always get up at around seven. 전 늘 일곱 시쯤에 일어나요.
    I always get up at around half past six. 전 늘 여섯 시 반쯤에 일어나요.

3 She thinks of you every night. 그녀는 매일 밤 당신을 생각해요.
She has nightmares every night. 그녀는 매일 밤 악몽을 꿔요.

4 I got to work by bus. 전 버스로 출근했어요.
I got to work on foot. 전 걸어서 출근했어요.

5 After a busy morning, we catch up with our project. 분주한 오전이 지나면 우리는 우리 프로젝트들을 처리해요.
After a busy morning, we recharge ourselves with a cup of coffee. 분주한 오전이 지나면 우리는 커피 한 잔으로 재충전해요.

6 I rarely get mad. 전 좀처럼 화를 내지 않아요.
I rarely feel blue. 전 좀처럼 우울해하지 않아요.

Unit 31–35 확인학습

1 He plays tennis twice a week.
2 He is one of my acquaintances.
3 I broke up with my boyfriend.
4 Have you ever heard from her?
5 What are your daily routines?
6 I seldom have breakfast.
7 I got a divorce.
8 He was two-timing me.
9 I didn't recognize him at first.
10 I am a big fan of baseball.
11 It ended in a tie.
12 I asked her out for coffee.
13 I was dumped by my girlfriend.
14 Why are you attracted to him?
15 After a busy morning, I have a coffee break.
16 I get to work by subway.
17 I am still looking for Miss Right.
18 Friends are better than a family.
19 I don't talk to my father.
20 Are you a sports enthusiast?

UNIT 36 Daily Routines (2)

p. 172 응용하기

1 I sleep until late in the afternoon. 전 오후 늦게까지 잠자요.
I work until late in the afternoon. 전 오후 늦게까지 일해요.

2 Do you clean the house every day? 매일 집 청소해요?
Do you air out the house every day? 매일 집 환기해요?

3 I do chores because I should. 해야 하니까 허드렛일을 하는 거죠.
I do chores because I want to. 하고 싶으니까 허드렛일을 하는 거죠.

4 I take a nap after school. 전 방과후에 낮잠을 자요.
I take a nap after meals. 전 식사 후에 낮잠을 자요.

5 I take a diet pill every day. 전 매일 다이어트 약을 먹어요.
I take an iron supplement every day. 전 매일 철분 보조제를 먹어요.

6 I stretch my body after waking up. 전 잠에서 깬 후에 스트레칭을 해요.
I stretch my body before I work out. 전 운동하기 전에 스트레칭을 해요.

p. 173 확장 응용하기

1 He sleeps until late in the afternoon. 그는 오후 늦게까지 잠자요.
He works until late in the afternoon. 그는 오후 늦게까지 일해요.

2 Did you clean the house every day? 매일 집 청소했어요?
Did you air out the house every day? 매일 집 환기했어요?

3 She does chores because she should. 그녀는 해야 하니까 허드렛일을 해요.
She does chores because she wants to. 그녀는 하고 싶으니까 허드렛일을 해요.

4 She used to take a nap after school. 그녀는 방과후에 낮잠을 자곤 했어요.
She used to take a nap after meals. 그녀는 식사 후에 낮잠을 자곤 했어요.

5 She has taken a diet pill every day. 그녀는 매일 다이어트 약을 복용해 왔어요.
She has taken an iron supplement every day. 그녀는 매일 철분 보조제를 복용해 왔어요.

6 She stretches her body after waking up. 그녀는 잠에서 깬 후에 스트레칭을 해요.
She stretches her body before she works out. 그녀는 운동하기 전에 스트레칭을 해요.

UNIT 37 Daily Routines (3)

p. 176 응용하기

1 I walk my dog every other day. 전 이틀에 한 번 개를 산책시켜요.
I walk my dog every weekend. 전 주말마다 개를 산책시켜요.

2 I eat fresh fruit between meals. 전 식사 사이에 신선한 과일을 먹어요.
I eat nuts between meals. 전 식사 사이에 견과류를 먹어요.

3 I watch TV while my mother cooks. 엄마가 요리하는 동안 전 텔레비전을 봐요.
I watch TV while my husband vacuums the living room.
남편이 진공청소기로 거실을 미는 동안 전 텔레비전을 봐요.

4 Sometimes I love being around people. 전 때론 사람들과 함께 있는 것도 아주 좋아해요.
Sometimes I love being alone. 전 때론 혼자 있는 것도 아주 좋아해요.

5 I fold clothes on my own. 전 제가 직접 옷을 개어요.
I fold clothes neatly. 전 차곡차곡 옷을 개어요.

6 I go to bed at 9 pm. 전 밤 9시에 잠들어요.
I go to bed at 2 am. 전 새벽 2시에 잠들어요.

p. 177 확장 응용하기

1 I'm going to walk my dog every other day. 전 이틀에 한 번 개를 산책시킬 거예요.
I'm going to walk my dog every weekend. 전 주말마다 개를 산책시킬 거예요.

2 I ate fresh fruit between meals. 전 식사 사이에 신선한 과일을 먹었어요.
　　I ate nuts between meals. 전 식사 사이에 견과류를 먹었어요.

3 I always watch TV while my mother cooks. 엄마가 요리하는 동안 전 늘 텔레비전을 봐요.
　　I always watch TV while my husband vacuums the living room.
　　남편이 진공청소기로 거실을 미는 동안 전 늘 텔레비전을 봐요.

4 Sometimes I like being around people. 전 때론 사람들과 함께 있는 것도 좋아해요.
　　Sometimes I like being alone. 전 때론 혼자 있는 것도 좋아해요.

5 I want to fold clothes on my own. 전 제가 직접 옷을 개고 싶어요.
　　I want to fold clothes neatly. 전 차곡차곡 옷을 개고 싶어요.

6 He goes to bed at 9 pm. 그는 밤 9시에 잠들어요.
　　He goes to bed at 2 am. 그는 새벽 2시에 잠들어요.

UNIT 38 Appointment & Plan (1)

p. 180 **응용하기**

1 Are you available now? (당신) 지금 시간 있어요?
　　Are you available tomorrow? (당신) 내일 시간 있어요?

2 I have an appointment with someone. 저 누구랑 약속 있어요.
　　I have an appointment with my boyfriend. 저 제 남자친구랑 약속 있어요.

3 He promised me to stay here. 그가 저한테 여기에 머물겠다고 약속했어요.
　　He promised me to help me. 그가 저한테 저를 도와주겠다고 약속했어요.

4 Do you have time to visit there? 거기 방문할 시간 있어요?
　　Do you have time to travel? 여행할 시간 있어요?

5 Is he expecting me? 그가 나를 기다리고 있나요?
　　Is he expecting them? 그가 그들을 기다리고 있나요?

6 I have an important engagement. 중요한 약속이 있어요.
　　I have a dinner engagement. 저녁 약속이 있어요.

p. 181 **확장 응용하기**

1 I am available now. 전 지금 시간 있어요.
　　I am available tomorrow. 전 내일 시간 있어요.

2 He has an appointment with someone. 그는 누구랑 약속 있어요.
　　He has an appointment with his girlfriend. 그는 여자친구랑 약속 있어요.

3 He has promised me to stay here. 그가 저한테 여기에 머물겠다고 (예전부터 계속) 약속했어요.
　　He has promised me to help me. 그가 저한테 저를 도와주겠다고 (예전부터 계속) 약속했어요.

4 Don't you have time to visit there? 거기 방문할 시간 있지 않아요?
　　Don't you have time to travel? 여행할 시간 있지 않아요?

5 Was he expecting me? 그가 나를 기다리고 있었나요?
　　Was he expecting them? 그가 그들을 기다리고 있었나요?

6 I didn't have an important engagement. 중요한 약속이 없었어요.
　　I didn't have a dinner engagement. 저녁 약속이 없었어요.

UNIT 39 Appointment & Plan (2)

p. 184 응용하기
1. Do you have any plans for today? 오늘 뭐 약속 있어요?
   Do you have any plans for this Friday? 이번 주 금요일에 뭐 약속 있어요?
2. You can join us. 저희랑 함께 가셔도 돼요.
   You can join our team. 저희 팀이랑 함께 가셔도 돼요.
3. My plan got messed up. 제 계획이 망쳐졌어요.
   My plan got delayed. 제 계획이 미뤄졌어요.
4. Let's put off the meeting. 그 회의 미룹시다.
   Let's put off our wedding. 우리 결혼 미룹시다.
5. Things don't go as we want. 일들은 우리가 원하는 대로 되지 않아요.
   Things don't go as we wish. 일들은 우리가 바라는 대로 되지 않아요.
6. I will let you know my decision. 당신께 제 결정 알려드릴게요.
   I will let you know the progress. 당신께 진행 과정 알려드릴게요.

p. 185 확장 응용하기
1. Does he have any plans for today? 그 사람 오늘 뭐 약속 있어요?
   Does he have any plans for this Friday? 그 사람 이번 주 금요일에 뭐 약속 있어요?
2. You cannot join us. 저희랑 함께 가실 수 없어요.
   You cannot join our team. 저희 팀이랑 함께 가실 수 없어요.
3. My plan might get messed up. 제 계획이 망쳐질 지도 몰라요.
   My plan might get delayed. 제 계획이 미뤄질 지도 몰라요.
4. Let's not put off the meeting. 그 회의 미루지 맙시다.
   Let's not put off our wedding. 우리 결혼 미루지 맙시다.
5. People say things don't go as we want. 일들은 우리가 원하는 대로 되지 않는다고 그러더라고요.
   People say things don't go as we wish. 일들은 우리가 바라는 대로 되지 않는다고 그러더라고요.
6. I have to let you know my decision. 제 결정을 당신께 알려드려야 해요.
   I have to let you know the progress. 진행 과정을 당신께 알려드려야 해요.

UNIT 40 Appointment & Plan (3)

p. 188 응용하기
1. I am gonna see James. 전 제임스를 만날 거예요.
   I am gonna go there. 전 거기에 갈 거예요.
2. The flight was scheduled to arrive at two. 비행기는 두 시에 도착할 예정이었어요.
   The ship was scheduled to arrive at two. 배는 두 시에 도착할 예정이었어요.
3. The shipment arrived in time. 선적품은 시간 내에 도착했어요.
   My friends arrived in time. 제 친구들은 시간 내에 도착했어요.
4. The show started on time. 쇼가 정시에 시작했어요.
   The concert started on time. 콘서트가 정시에 시작했어요.

5 The software development is behind schedule. 소프트웨어 개발이 예정보다 늦어지고 있어요.
　　Everything is behind schedule. 모든 게 예정보다 늦어지고 있어요.
6 I booked a room in your hotel. 귀 호텔에 방 하나를 예약했어요.
　　I booked a flight online. 온라인으로 비행편을 예약했어요.

p. 189 확장 응용하기
1 She is gonna see James. 그녀는 제임스를 만날 거예요.
　　She is gonna go there. 그녀는 거기에 갈 거예요.
2 The flight will be scheduled to arrive at two. 비행기는 두 시에 도착할 거예요.
　　The ship will be scheduled to arrive at two. 배는 두 시에 도착할 거예요.
3 The shipment didn't arrive in time. 선적품은 시간 내에 도착하지 않았어요.
　　My friends didn't arrive in time. 제 친구들은 시간 내에 도착하지 않았어요.
4 The show always starts on time. 쇼는 항상 정시에 시작해요.
　　The concert always starts on time. 콘서트는 항상 정시에 시작해요.
5 I don't think the software development is behind schedule. 소프트웨어 개발이 예정보다 늦어지고 있다고 생각하지 않아요.
　　I don't think everything is behind schedule. 모든 게 예정보다 늦어지고 있다고 생각하지 않아요.
6 I would like to book a room in your hotel. 귀 호텔에 방 하나를 예약하고 싶습니다.
　　I would like to book a flight online. 온라인으로 비행편을 예약하고 싶습니다.

Unit 36–40 확인학습
1 Do you vacuum the house every day?
2 I walk my dog every morning.
3 Are you available tonight?
4 You can join me.
5 I am gonna meet him.
6 I booked a table.
7 He promised me to come.
8 My plan got cancelled.
9 I eat a snack between meals.
10 I do chores because I have to.
11 I take vitamin C every day.
12 Sometimes I love being a couch potato.
13 Do you have time to talk?
14 Things don't go as planned.
15 The project is behind schedule.
16 The meeting started on time.
17 Let's put off our appointment.
18 I have a previous engagement.
19 I fold clothes on my bed.
20 I stretch my body for at least 10 minutes.